JN244132

日本における中堅・中小企業の オープンイノベーションと その支援組織の考察

人的ネットワークの観点から

吉田 雅彦 ［著］

Masahiko Yoshida

Open innovation in SMEs and Supporting Organizations

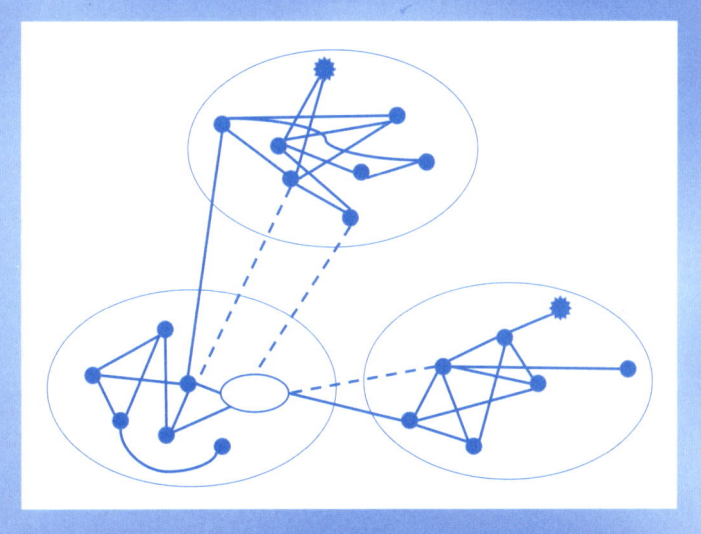

専修大学出版局

ョンについて，イノベーション支援組織等の果たした貢献に着目しながら
ーススタディを行った。その文脈で，イノベーション支援組織の機能を向
させる効果があるとしてすでに注目されていた産学官の人的ネットワーク
加えて，経営者と外部資源をつなぐ「オープンイノベーションの媒介者」
重要性を確認し，その実態や成立条件，機能等についても考察した。ま
，オープンイノベーションには，構想ができあがる前の Research，構想
できあがった後の Research，Development，および Market という 4 つ
段階（Phase）（以下「Phase」）があり，その 4 つの Phase ごとに経営者
行動や，それに対応するイノベーション支援組織，産学官の人的ネット
ーク，媒介者の貢献内容も異なることをケーススタディで確認することが
きた。

　本書は研究書であるが，オープンイノベーションを志向する中堅・中小企
業の経営者や，支援組織関連の実務家の方々にも参考になれば幸いである。

　　2018 年 11 月

　　　　　　　　　　　　　　　　　　　　　　　　　　吉田　雅彦

はしがき

　本書は『日本における中堅・中小企業のオープンイノベーシ[...]
援組織の考察—人的ネットワークの観点から—』と題して，中堅[...]
の産学官連携によるオープンイノベーションの現状と課題，支援[...]
期待される役割を果たすために必要な条件は何かについて考察す[...]
的に執筆した。

　1990年代の後半から，特に2000年前後に，日本において大企[...]
業との下請関係などに大きな変化が訪れた。その変化は，イノベ[...]
おいても，キャッチアップ型のイノベーションや，1社による内[...]
イノベーションが困難化したりすることを伴うもので，米欧など[...]
も同様に起きていた事象であった。

　筆者は，1984年に通商産業省（現経済産業省）に入省し，199[...]
岩手県に工業課長として出向し，地方におけるイノベーション支援[...]
編・運営や産学官の人的ネットワークに関わることができた。20[...]
は，経済産業省の関東経済産業局部長，本省地域産業政策企画[...]
TAMA協会をモデルとする産業クラスター政策の立ち上げと，そ[...]
開に参画した。筆者の実務家としての35年半の経験の中で，この[...]
ノベーションに関わる状況と施策の変化は特に印象深いものであっ[...]
年に経済産業省を退職し大学教員・研究者となった以降も関係者と[...]
継続しており，現場からの示唆をいただいている。

　本書では，日本の中堅・中小企業の産学官連携によるオープン[...]

目　　次

日本における中堅・中小企業の
オープンイノベーションとその支援組織の考察

—人的ネットワークの観点から—

第1章
本書の目的と構成

　本章では，本書における問題提起，目的，本書で行うケーススタディの目的を述べる。

1-1　問題提起

　1990年代後半以降，従来型産業の閉塞感から，シリコンバレーをモデルとしたイノベーション支援策が日本を含め世界各地で導入された。日本においても，大企業と中堅・中小企業の従来の関係に変化が起き，一部の中堅・中小企業の新規事業の開拓や，その手段として産学官連携によるオープンイノベーションを志向するようになった。このため，TLO（Technology Licensing Organization：技術移転機関）の設立などを含む大学等技術移転促進法（1998年）やキャピタルゲインによる起業促進を目的とした，ベンチャー企業の上場の場を作るための金融システム改革法（1998年）などが整備され，2001年からは経済産業省の産業クラスター政策，および，文部科学省の知的クラスター政策が始まった。このようなイノベーション支援策が導入されてから本書執筆時（2018年）まで約20年が経過している。産学官連携は，導入当時の熱狂は見られないものの定着したように見える。国，地方自治体，大学，民間団体などによりイノベーション支援組織[1]が設立され，多大な人，モノ，金と時間，すなわち，建物，設備などの初期投資や，

人件費などの運営経費などが注ぎ込まれてきた[2]が，これらの経費負担は期待された役割を果たしたのであろうか。どのような場合に，中堅・中小企業の産学官連携によるオープンイノベーションは支援組織によって推進されるのか。これらの問いは，中堅・中小企業の経営者，政策推進者などステークホルダーにとって重要な関心事であろう。

1-2　本書の目的

本節では本書の目的とケーススタディの目的について述べる。本書の目的は，中堅・中小企業の産学官連携によるオープンイノベーションの現状と課題，支援組織がその期待される役割を果たすために必要な条件は何かについて考察することである。本書のケーススタディは，経営者，社員やその支援者の経験から内省的視座を得るとともに，複数のケーススタディを行い比較することにより産学官連携によるオープンイノベーションへの理解を深め，支援組織がその期待される役割を果たすために必要な条件などの一般化を試みることを目的としている。

1-2-1　本書の目的

本書の目的は，

(1) 2000 年代以降取り組まれてきた中堅・中小企業の産学官連携による

---

1)　本書でイノベーション支援組織とは，早い地域では 1990 年代半ば以降，多くの地域では 2000 年代以降，日本の各地において設立された企業のイノベーションを支援する組織をいう。第 2 章 2-1 節で後述する。

2)　同様の時期に世界各地でイノベーション支援組織が設立された事実および背景については，第 2 章で先行研究を概観する。

オープンイノベーションの現状はどうか，課題は何か。

(2) 中堅・中小企業の産学官連携によるオープンイノベーションを多く起こそうとする政策立案者や支援組織等の当事者の意図は実現されたのか。イノベーション支援組織がその期待される役割を果たすために必要な条件は何か。

について考察することである。

1-2-2　本書のケーススタディの目的

本書では，中小企業向けの国の助成事業である戦略的基盤技術高度化・連携支援事業[3]（以下，「サポイン事業」[4]）に採択された事例を含む複数の中

---

3) 戦略的基盤技術高度化支援事業は，デザイン開発，精密加工，立体造形等の特定ものづくり基盤技術（12分野）の向上につながる研究開発，その事業化に向けた取組みを支援することを目的とする。中小企業・小規模事業者が大学・公設試（公設試験研究機関）等の研究機関等と連携して行う，製品化につながる可能性の高い研究開発およびその成果の販路開拓への取組みを一貫して支援する。応募対象は，中小ものづくり高度化法第3条に基づき経済産業大臣が定める「特定ものづくり基盤技術高度化指針」に沿って策定され，新たに法第4条の認定を受けた特定研究開発等計画を基本とした研究開発等の事業となる。出典：中小企業庁ホームページ　http://www.chusho.meti.go.jp/keiei/sapoin/2016/160415SenryakuKoubo.htm　（2017年2月12日取得）。

4) サポイン事業は，国，具体的には経済産業局や国立研究開発法人新エネルギー・産業技術総合開発機構（以下「NEDO」）が委託者となり，中堅・中小企業が，大学・公設試等の研究機関等と連携して研究開発することを助成の条件としている。したがって，サポイン事業は産学官連携による外部資源を活用した研究開発，すなわち，オープンイノベーションであると言える。また，国の助成の受託者として，オープンイノベーションによる研究開発プロジェクトチームを支援できる組織がファンドの受け手となるケースがあり，このような支援組織をサポイン事業が育成している面もあると考える。

　筆者は，2000年6月から2001年7月まで，関東通商産業局産業企画部長（2001年1月からは関東経済産業局）として，行政の立場からサポイン事業に携わった。

堅・中小企業の産学官連携プロジェクトのケーススタディ[5]により，日本の中堅・中小企業の産学官連携によるオープンイノベーションについて考察した。

本書でケーススタディを行う目的は，産学官連携によるオープンイノベーションを行った中小企業の経営者，社員やその支援者の経験から内省的視座を得るとともに，複数のケーススタディを行って比較することにより理解を深め，イノベーション支援組織がその期待される役割を果たすために必要な条件などの一般化を試みることである。

本書の調査では，イノベーション支援組織が期待される役割を果たすために必要な条件の一つは，産学官の人的ネットワークとの一体的な活動ではないかとの仮説をもって調査を開始した。加えて，調査・考察の過程で，経営者と「遠い関係にあるが適切な技術等を保持する外部資源」とを結びつける「オープンイノベーションの媒介者」（以下「媒介者」）が支援組織内に存在することが鍵ではないかとの新たな仮説を持つに至り，併せて考察した。

1-3　本書の構成

ここでは，本書の構成を示す。

第1章では，本書の目的，ケーススタディの目的を示した。

第2章では，先行研究をレビューし研究視座を示した。2-1節では，イノベーション支援組織，産学官の人的ネットワークの先行研究を概観した。2-2節では，2000年頃に日米欧先進国で共通する経済・産業環境の変化が見られたことや，変化に伴って注目されたシリコンバレーにおけるオープンイ

---

5)　ケーススタディ対象企業の概要，国から受けた助成事業等については，第3章3-1「図表3.1.7　ケーススタディ対象企業の概要」「図表3.1.8　ケーススタディ対象企業が受けた助成金等」参照のこと。

ノベーションに関わる先行研究を概観した。2-3 節では，2000 年代以降，地域産業支援，産学官連携促進のための支援組織が世界各地で設置されケーススタディが多く行われており，それらの先行研究を概観した。2-4 節では，オープンイノベーションとネットワークの関係に関して，(1)ネットワークが地域産業を活性化させること，(2)信頼関係・信用に関わる理論で，多数の人が共通利益の活動に貢献するネットワーク・コミュニティの性質を説明できること，(3)ネットワークの機能を分類すると，弱連結のフォーラム型，強連結のダイアログ型という 2 つの理念型があること，(4)必要な情報をネットワークから得る過程を分析する際に，弱い紐帯・構造的空隙といった概念が有用であることなどの先行研究を概観した。そのうえで，経営者の構想ができあがる前の Research，構想ができあがった後の Research，研究開発（Development），市場（Market）というオープンイノベーションの 4 つの Phase に，弱い紐帯・構造的空隙の議論および取引コスト・アプローチを適用して，オープンイノベーションとネットワークを考察する新たな枠組みを示した。また，この枠組みにおいて，ケーススタディから，経営者と外部資源との構造的空隙を埋めるパターンとして，第 1 に経営者本人による場合，第 2 に弱い紐帯の媒介者による場合，第 3 に強い紐帯の媒介者による場合の 3 つのパターンがあり，経営者と外部資源との構造的空隙を埋めるための取引コストが，第 1，第 2，第 3 のパターンの順に小さくなると考えることができることを発見した。

　第 3 章では，6 社のケーススタディを行い，調査結果を示した。3-1 節では，ケーススタディの目的，調査方法，調査結果の整理方法を示した。3-2 節から 3-7 節までは各社の調査結果を示した。3-8 節では，各社の事例から得られた注目される事実を小括し，オープンイノベーションは経営者が起こしていること，経営者と支援者の信頼関係が支援の前提であること，一般的な支援は，経営者の構想ができあがった後にスペック[6]が定義された技術等の Research に貢献することであること，経営者のイノベーションに関わる

構想ができあがる前と後では支援内容が異なることなどを示した。

　第4章では，オープンイノベーションを支援する支援組織等の役割を考察した。　4-1節では，中堅・中小企業のオープンイノベーションの現状と課題を示した。中堅・中小企業の現状は，何らかのイノベーションを行っているが，経営者が独力で可能な範囲で行っているのが一般的である。そのうえで，現状に安住していては先行きが厳しいという経営者の危機意識と努力によって，産学官連携によるものを含む挑戦的なイノベーションも行われている。課題は，内部資源が限られていることと，外部資源を利用したオープンイノベーションを行おうとすると，その4つのPhaseにおいて，Search cost（探索費用），Monitoring cost（監視費用）を経営者が負担しなければならないことである。この課題解決のための政策的手段として，イノベーション支援組織が作られてきたことを述べる。

　4-2節では，ケーススタディの調査結果から，イノベーション支援組織等が役割を果たしたケースを分析し，イノベーション支援組織の一般的な支援は，経営者の構想ができあがった後に，技術的スペックが定義された外部資源のResearchに貢献することであること，そのような貢献は，具体的には媒介者によって行われていることを示した。また媒介者が経営者に貢献できるための条件について考察し，経営者と信頼関係を結び，技術の情報探索に優れ，支援に長期にコミットしているなどの条件を示した。

　4-3節では，以上の調査結果および考察を踏まえて，経営者が支援組織を利用する条件，支援組織が経営者に貢献できる条件という2つの視座から，イノベーション支援組織等がその期待される役割を果たす条件を考察し，経営者が支援組織の役職員を信頼できると判断しやすいこと，経営者が支援組織やその役職員に支援を依頼するメリットがあること，取引コストが小さいことといった要素に分けて示した。

---

6)　Specification。仕様。性能や機能などを詳細に記したもの。

第 2 章
先行研究レビュー（研究視座）

　本章では，オープンイノベーションに関する先行研究を概観する。2-1 節では，イノベーション支援組織，産学官の人的ネットワークの定義を述べ，関連する先行研究を概観する。2-2 節では，2000 年以降にイノベーション支援組織が設立された時代背景について，日本だけではなく米国，欧州など先進国で共通する経済事象が観察されたことに関わる先行研究を概観する。2-3 節では，2000 年代以降，支援組織を設置することが世界的傾向であったことを指摘する。個々の地域，支援組織に関わるケーススタディが多く行われており，これらの先行研究を概観する。2-4 節では，オープンイノベーションとネットワークの関係に関して，地域産業とネットワーク，信頼関係・信用のシステム，ネットワーキング組織・ネットワークレントのタクソノミー（分類），弱い紐帯・構造的空隙などの先行研究を概観する。そのうえで，経営者の構想ができあがる前の Research，構想ができあがった後の Research，研究開発（Development），市場（Market）というオープンイノベーションの 4 つの Phase に，弱い紐帯・構造的空隙の議論および取引コスト・アプローチを適用して，オープンイノベーションとネットワークを考察する新たな枠組みを示す。また，この枠組みにおいて，ケーススタディから，経営者と外部資源との構造的空隙を埋めるパターンとして，第 1 に経営者本人による場合，第 2 に弱い紐帯の媒介者による場合，第 3 に強い紐帯の媒介者による場合の 3 つのパターンがあり，経営者と外部資源との構造的空隙を埋めるための取引コストが，第 1，第 2，第 3 のパターンの順に小さく

なると考えることができることを発見した。

2-1　イノベーション支援組織，産学官の人的ネットワーク

本節では，本書におけるイノベーション支援組織および産学官の人的ネットワークの定義を述べ，先行研究を概観する。

2-1-1　イノベーション支援組織

本書におけるイノベーション支援組織（以下「支援組織」）とは，早い地域では1990年代半ば以降，多くの地域では2000年代以降，日本各地において[1]設立された企業のイノベーションを支援する組織をいう。

岩手ネットワークシステム（以下「INS」）が設立されるなど産学官連携への取り組みが早くから行われ，成功例[2]と言われる岩手県での支援組織の設立を見る。

1986年，（財）岩手県高度技術振興協会（テクノポリス財団）が設立された。1994年，岩手県工業試験場，岩手県醸造食品試験場の両試験場が統合し，（地独）岩手県工業技術センターとして発足[3]した。1993年，岩手大学地域共同研究センターが設置され，2004年，岩手大学地域連携推進センターへ改組（生涯学習教育研究センター・地域共同研究センター・機器分析

---

1)　2-2節で，日本だけではなく，欧米等でも同様の時期にイノベーション支援組織が設立されていたことを示す先行研究を概観する。

2)　INS（岩手ネットワークシステム）は，1987年に正式発足した，日本初の産学官の人的ネットワークであり，地域の産学官連携活動に貢献してきている。2003年の第1回産学官連携推進会議において，経済産業大臣賞を受賞し，「産学官連携活動に果敢に取り組み，他の模範となる大きな成果を挙げ，鉱工業の科学技術の振興及び科学技術創造立国実現に向けた功績は特に顕著」と表彰された。

センターの合併）された。2000 年，（財）岩手県高度技術振興協会と（財）岩手県中小企業振興公社の統合により（財）いわて産業振興センターが発足するなど，支援組織が設立されてきた（図表 2.1.1）。

　（財）いわて産業振興センターは，新事業創出促進法（1999 年）に基づく「地域プラットフォーム活動推進事業」と中小企業支援法（1963 年）に基づく「県中小企業支援センター事業」を踏まえたワンストップでの総合的な支援体制のための組織と位置づけられている[4]。丹生［2015］は，「新事業創出促進法に基づき，都道府県および政令指定都市には，研究開発から商品開発，生産，販売に至るまで『ワンストップサービス』を提供する中核的支援組織が設置され，連携する支援組織とともに『地域プラットフォーム』が整備された」（pp.15-16）としている。

　これらの支援組織が，2000 年代以降，産学官連携，産業クラスター，知的クラスター政策などに基づいて企業のイノベーション，特に，岩手県内の中堅・中小企業の産学官連携によるオープンイノベーションを支援する組織として活動している。

3）　筆者は，1992 年 6 月から 1994 年 4 月まで，岩手県工業課長として，テクノポリス財団を担当し，岩手県工業試験場，岩手県醸造食品試験場の統合，岩手県工業技術センター発足に関わった。岩手県工業技術センターが地方独立法人に組織移行したのは 2006 年であり，それまでは岩手県庁の組織であった。前身は 1873 年（明治 6 年）設立の勧業試験所であり，日本初の公設試験場である（出典：岩手県地方独立行政法人評価委員会［2016］「地方独立行政法人　岩手県工業技術センター　第 2 期中期目標に関わる業務の実績に関する評価報告」）。

4）　公益財団法人いわて産業振興センター［2014］「公益財団法人いわて産業振興センターの沿革」。入手先 http://www.joho-iwate.or.jp/ci/history.pdf（2016 年 8 月 15 日参照）。

図表 2.1.1　INS と岩手県の産学官支援組織群[5] の設立

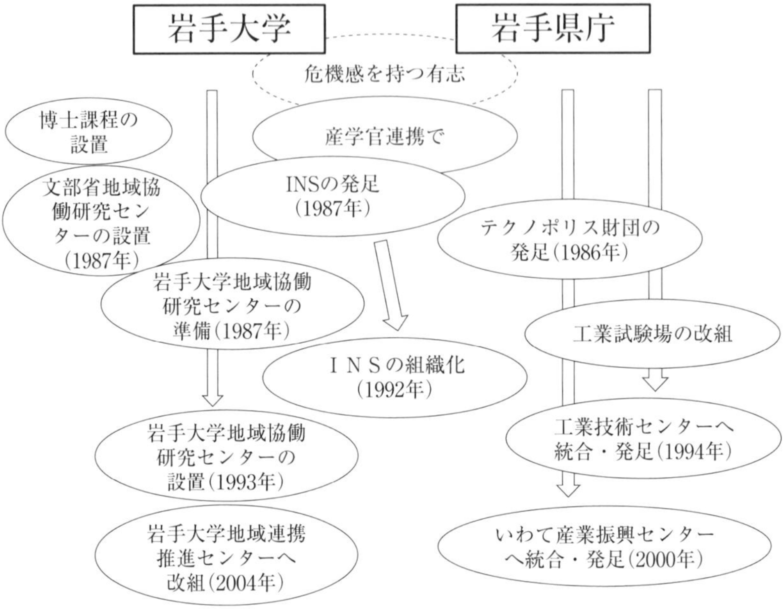

出典：岩淵［2005］p.21 から著者作成。

2-1-2　産学官の人的ネットワーク

　産学官の人的ネットワーク（以下「人的ネットワーク」）とは[6]，地域産業の活性化を指向し，それぞれの志を持った人たちのネットワークで以下のような特長をもつものをいう。

　⑴ 集まって話し合い，情報交換し，懇親を重ねることで形成した参加者

---

5)　「地共研」は岩手大学地域共同研究センター（1993 年設置），「テクノ財団」は（財）岩手県高度技術振興協会，「INS」は岩手ネットワークシステムの略称。

6)　吉田［2015］pp.3-6。

　　の相互信頼関係がある人的ネットワーク

(2)　それまでに会ったことのない人が，自分と違うバックグラウンドを持
　　　ち，自分とは異なる経験をし，自分にない発想・意見・情報や資源をも
　　　たらす人に，その場で出会うための人的ネットワーク

(3)　上記2つの性質を混合して併せ持つ人的ネットワーク[7]

　参加者の相互信頼関係がある人的ネットワークでは，多様な分野の知見を
持った人が話し合いを積み重ね，気心知れた仲になり，踏み込んだコミュニ
ケーションを交わしている。このような人的ネットワークは，プロジェクト
やビジネスを生み出す苗床機能や，参加のモチベーションを向上させたり，
うまくいかず落ち込んだときに癒したりする機能を持っている。ただし，こ
の人的ネットワークは，直接にビジネスや共同研究開発を行う主体ではな
く，ビジネス，研究，共同プロジェクトが生まれる基になるものである。

　また，このような人的ネットワークは，企業，大学，自治体，公設試等の
組織としての公式な連合体ではなく，それらに所属する志を持った個人に
よって構成された非公式な人的ネットワークである。この非公式な人的ネッ
トワークが，企業，大学，自治体，公設試といった組織の間の人や情報の流
れをよくし，産学官連携を有効に機能させ，地域産業支援に貢献している。

　人的ネットワークのうち INS[8] の事例について，近藤［2007］は「図表

---

　7)　本書の「産学官の人的ネットワーク」は，金井［1994］のフォーラム型，ダイアロ
　　　グ型，または，その混合であるネットワーキング組織を含む。参加者の相互信頼があ
　　　るダイアログ型の人的ネットワークは，Coleman［1990］（久慈訳［2004］）のいう多
　　　数の行為者（コミュニティ）が全員，同じ利害を持つような帰結を生み出す活動に従
　　　事する場合である」(p.290) に該当し，コミュニティと呼ぶのがふさわしい。人的
　　　ネットワークを広げ，自分とは違った発想を持った人を求めるフォーラム型のネット
　　　ワーキング組織の場合，相互信頼の構築は未了であったり，そもそも構築を目指して
　　　いなかったりすることから，コミュニティと呼ぶにはふさわしくない。「産学官の人
　　　的ネットワーク」は左記の両方のネットワーキング組織の類型を含む。

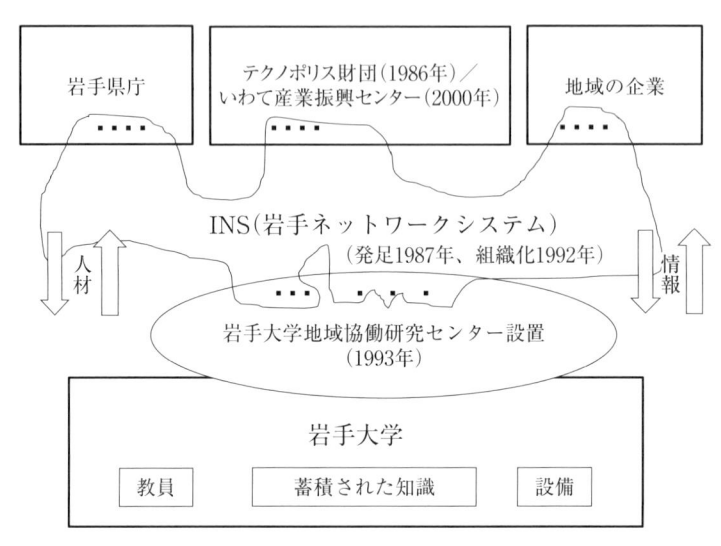

図表 2.1.2　岩手ネットワークシステムの概念図

| 岩手県庁 | テクノポリス財団(1986年)／いわて産業振興センター(2000年) | 地域の企業 |

INS(岩手ネットワークシステム)
（発足1987年、組織化1992年）

人材　情報

岩手大学地域協働研究センター設置
（1993年）

岩手大学

| 教員 | 蓄積された知識 | 設備 |

出典：近藤［2007］p.16 から著者作成。■は個人を表す。

2.1.2（引用者注：図表番号は本書のものを使用している）の INS の概念図において，地域の企業，岩手県，いわて産業振興センター，岩手大学地域協働研究センターといった支援組織に属する個人（図表 2.1.2 では丸い小さな粒で表現されている）が，INS という人的ネットワークに参加し，人材や情報を交換しながら，地域の産業育成，啓蒙活動を行って地域社会の豊かさに貢献するというコンセプトが示されている。この人的ネットワークが，アメーバ状に変幻自在に動いて地域の産学官の人や情報の流れを良くすることで，産学官連携を有効に機能させ，地域産業支援に貢献する。その活動を支えるのが，岩手大学の教官に蓄積された知識であり，それを基に産学官に働

8)　筆者は，1992 年 6 月〜1994 年 4 月，通商産業省（当時）から出向して岩手県商工労働部工業課長の職にあり，岩手ネットワークシステムと出会い，以後，交流を継続している。

きかける地域連携推進センターである」（p.21）としている。

　岩淵［2005］は、「岩手大学と県庁から危機感を持った人たちが自然発生的に集まり、議論して INS が発足した。地域共同研究センターを設置するには、3 件程度だった実績を 20 件以上に増やさなければならず、大学だけでは無理だった」（p.20）としている。その後、INS に参加した意識の高い経営者、大学教員、県庁職員などの有志のコミュニケーションにより、支援組織である岩手大学地域共同研究センターの利用実績を年間 20 件以上に増やすことに成功した。支援組織が人的ネットワークによって活発に利用され、有効に機能した事例と言える。

　一般社団法人首都圏産業活性化協会（以下「TAMA 協会」）[9] [10]の事例では、地域企業、地域内の大学、地域金融機関、商工団体、行政等が、事業協力、業務提携、業務委託契約によって協力して、産学連携、産産連携等を進めている。また、関連組織であるタマティーエルオー株式会社[11]（以下「TAMA-TLO」）を介して大企業の特許利用等を行う仕組みも持っている。このような仕組みを、会員、事務局、TAMA コーディネーターなどの人的ネットワークで実効的に進めている。以上のコンセプトを TAMA 協会は、「TAMA のネットワーク」として図表2.1.3のように表現している。

9）　一般社団法人首都圏産業活性化協会ホームページ　http://www.tamaweb.or.jp/（2017 年 1 月 16 日取得）。

10）　筆者は、2000 年 6 月〜2001 年 7 月、関東通商産業局産業企画部長（2001 年 1 月〜関東経済産業局）の職にあり、TAMA 協会の行政側の運営責任者であった。以後、関係者と交流を継続している。

11）　http://www.tama-tlo.com/　（2016 年 10 月 1 日取得）。

図表 2.1.3　TAMA 協会のネットワークの概念図

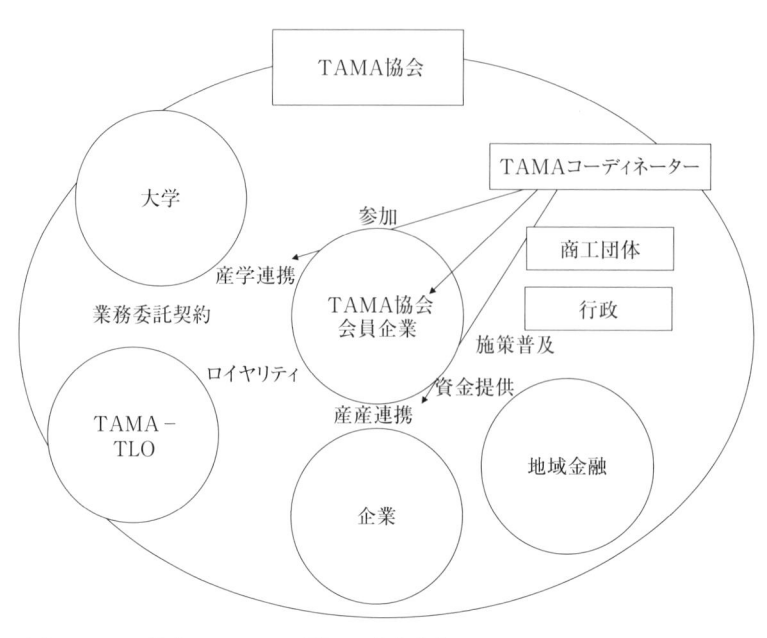

出典：TAMA 協会ホームページ[12)]から著者作成。

　関西ネットワークシステム[13)14)]（以下「KNS」）の事例（図表 2.1.4）で
は，図の上から中ほどまでは，産学官民コミュニティが，直接にビジネス
や共同研究開発（図表 2.1.4 の「Collaboration」「Business」「Research」
「Project」）を行う主体ではなく，ビジネス，研究，共同プロジェクトが生

12)　TAMA 協会ホームページ　http://www.tamaweb.or.jp/wp3/wp-content/uploads/
　　2014/03/mokuteki.gif（2017 年 1 月 19 日取得）。
13)　関西ネットワークシステムホームページ　http://www.kns.gr.jp/（2014 年 10 月 28
　　日参照）。
14)　筆者は，INS メンバーからの紹介で，2005 年から関西ネットワークシステムに参加
　　し，2016 年からは九州・沖縄地域の世話人の一人となっている。

図表 2.1.4　関西ネットワークシステムの概念図

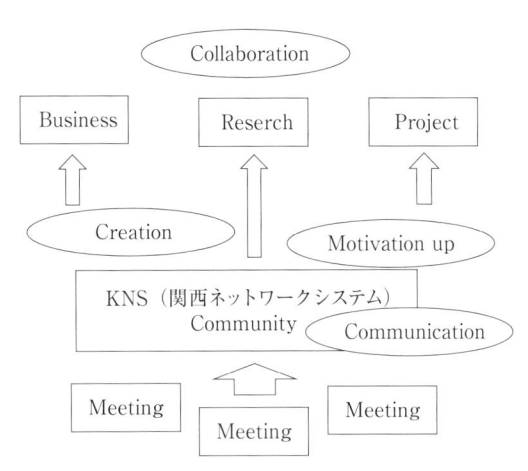

出典：関西ネットワークシステムホームページから著
者作成。

まれる基になる人的ネットワーク（図表 2.1.4 の「Community」に該当）
であることを示している。これは，人間関係を作らずにいきなりビジネスを
共同で行うことはできず，仮に行ってもうまくいかないと考えているためで
ある[15]。また，一度関係性を有したら一生付き合うことを会員に求めている。
　図表 2.1.4 の中ほどから下は，その人的ネットワークの形成には，参加者
の相互信頼関係と理解が肝要であり，それは，多くの情報交換，意見交換，
ビジョン交換，場の共有（図表 2.1.4 の「Meeting」）によって，時間をか
けて形成されることを強調している。
　人的ネットワークの INS，TAMA 協会，KNS の事例を比較すると，活動
地域は，地方である岩手と，関東，関西という中心地であり，条件が大きく

---

15)　第 3 章 3-3 節で後述する公立大学法人首都東京・産業技術大学院大学の橋本教授も
　　同様の見解を示している。

異なるが，支援組織との連携を含めた広義の活動で比較すると活動内容は類似している。

このような地域産業の活性化を指向する「産学官の人的ネットワーク」にはさまざまな呼称があるが，日本では，2007年から「産学官民コミュニティ[16]全国大会」が毎年開催され，本書執筆時（2017年）に第11回が開催される[17]など定着している。また，「産学官」についても，民を加えた「産学官民」，金融機関を加えた「産学官金」などさまざまな呼称があり，それぞれに意味がある。本書では，産学官連携等が用語として定着していることから，基本的に，産学官，産学官連携等の用語を使用する。

吉田［2015］およびその後の調査によれば，2017年現在，日本で少なくとも24の産学官民コミュニティ（図表2.1.5）が確認できる[18]。また，日本の産学官民コミュニティを設立経緯により類型分けすると，図表2.1.6のとおりである。

設立経緯による類型を見ると，第1に，大学系のものが見られる。もっとも歴史のあるINS（1987年〜）をモデルとし，INSの助言，協力を受けて設立したものがある。また，文部科学省の知的クラスター政策（2001年〜）に沿って設立されたものが多く見られる。

---

16) 「相互信頼関係からなるコミュニティ」に関して，Coleman［1990］（久慈訳［2004］）は「ごくありふれた状況が，（中略）相互信頼のシステムを生み出す。このようなことが起こるのは，多数の行為者（コミュニティ）が全員，同じ利害を持つような帰結を生み出す活動に従事する場合である。（中略）この社会構造は，相互信頼の二者システムの一般化であるが，三者以上の行為者を含んでいる」（p.290），「この社会構造の公式の性質は，各行為者が信頼付託者であり受託者であるという，相互信頼の二者システムの拡張だという点である。信頼付託者としては，各人は他者もまた貢献するものと信頼して共通利益の活動に貢献する」（p.291）としている。

17) http://www.kns.gr.jp/schedule/1725.html　KNSホームページ（2017年6月25日取得）。

18) 「巻末図表1　表彰等を受けた産学官民コミュニティ」参照。

図表 2.1.5　日本の主な産学官民コミュニティとその設立年

設立年	産学官民コミュニティ名
1987 年	INS（岩手ネットワークシステム）（活動開始）
1992 年	INS（岩手ネットワークシステム）（会として発足）
1998 年	TAMA 協会（（一社）首都圏産業活性化協会）
2001 年	北海道中小企業家同友会産学官連携研究会（HoPE） NPO 法人北関東産学官連携研究会
2002 年	信州スマートデバイスクラスター（旧長野・上田スマートデバイスクラスター） 九州広域クラスター（システム LSI 設計開発拠点の形成）
2003 年	KNS（関西ネットワークシステム） 広島 5:01 クラブ（中国地域ニュービジネス協議会） 飯塚（e-ZUKA）TRY VALLEY 構想（産学官交流研究会） 函館マリンバイオクラスター
2004 年	ひたちものづくりサロン（HMS） なかネットワークシステム（NNS） やまなし産業情報交流ネットワーク（IIEN.Y） 福岡中小起業家同友会福岡地区産学官連携部会（FAST） 新都心イブニングサロン
2005 年	（公社）いわき産学官ネットワーク協会（ICSN） とっとりネットワークシステム ひろさき産学官連携フォーラム
2006 年	全国異業種グループネットワークフォーラム（INF）
2010 年	とちぎ未来ネットワーク（FTN）
2011 年	とかちネット
2012 年	土佐まるごと社中（TMS） 梅田 MAG 宮崎県中小企業家同友会産学官民連携部会（MANGO）

出典：各団体ホームページ等から著者作成。

図表 2.1.6　日本の主な産学官民コミュニティの設立経緯による類型

設立主体	独立発生	移入
産発	全国異業種	HoPE，KNS，福岡，土佐，梅田，MANGO
学発	INS，北関東，新都心	信州，九州広域，函館，ひたち，とっとり，ひろさき，とちぎ，とかち
官発	TAMA，広島 5:01，飯塚，	なか，やまなし，いわき

出典：各団体ホームページ等から著者作成。

　第 2 に，KNS（2003 年〜）の協力で設立されたものが見られる。KNS は，INS に触発されてできた経緯を持つが，民間中心のコミュニティであり，自らも多くの地域で産学官民コミュニティの設立を手伝っている。その結果，KNS 系譜のものが見られる。

　第 3 に，産業クラスター系のものが見られる。TAMA 協会（1998 年〜）は，官である関東通商産業局の発案で設立され，産業クラスターのモデルとなった。ただし，産業クラスター政策の実施機関は，各経済産業局の人的ネットワークを使い，関係組織の公的協議会等を組織しているものが多く，産学官民コミュニティを有しているものは例外的（TAMA 協会のコアメンバーやミニ TAMA 会など）である。

　第 4 に，INS，TAMA 協会の系譜に属さないと筆者が認識するものは，NPO 法人北関東産学官連携研究会（2001 年〜），広島 5:01 クラブ（中国地域ニュービジネス協議会）（2003 年〜），新都心イブニングサロン（2004 年〜）がある。

　NPO 法人北関東産学官連携研究会[19]は，群馬大学工学部長を勤めた根津名誉教授が，多年にわたる慎重かつ着実な努力を重ね関係者の賛同を得て設立した。

---

19)　筆者は，関東経済産業局産業企画部長として，設立総会に参加した。

　広島 5:01 クラブは，2003 年当時，中国経済産業局長であった西出氏の働きかけで設立された。当時の経済産業局主導であったため産業クラスターの影響を受けてはいるが，TAMA 協会のモデルではなく，産学官民コミュニティだけを作るという INS，KNS に近いモデルで設立されている。

　新都心イブニングサロン[20]は，野長瀬摂南大学経済学部教授（前山形大学大学院理工学研究科教授。当時，埼玉大学助教授。その前職の関東学園大学助教授時には北関東産学官連携研究会設立に貢献。2018 年から TAMA 協会会長）が，企画・構想して，さいたま市で設立した。

　なお，TAMA 協会，KNS をはじめ民間中心のもの，官発のものは，複数ないし多数の大学を参加メンバーに持つことが多い。他方，大学が中心のものは，学のメンバーはその大学のみ，あるいは，その大学が中心であることが多い。

　日本の産学官民コミュニティの活動内容は多様[21]であるが，いくつかの基本形が見られる。

　第 1 に，情報交換会を行い，その後に懇親会を行うなどにより，メンバーの知見，関心，性格などをお互いに知り，全人格的な信頼関係を築く場となるよう努力している。産学官の志を持ったメンバーが集まるように声かけや根回しを行って，参加者の質の向上と広がりを図り，参加者がおのおのの貴重な時間を使うに値する意味のある会にするよう心を砕いている。また，会員に売り込みをかけるだけなどのフリーライダーや，セクハラなどの問題を起こす人を排除し，産学官連携にまじめに取り組もうとしている人が気持ちよく参加できる場になるように努力している。

　第 2 に，参加者が何かオープンイノベーションの構想を考えている，たと

20）　筆者は，関東経済産業局産業企画部長のときに関東学園大学助教授であった野長瀬教授と親交があり，何度か参加している。

21）「巻末図表 2　日本の主な産学官民コミュニティの概要（INS，TAMA 協会，KNS以外）」参照。

えば，市場を見つけ，自社の技術を活かせる製品開発をしたいが，内部資源だけでは足りないのでパートナーや助成金を探しているなどの場合に，関係者の人的ネットワークを動員して実現できるよう支援している。

第3に，新会員を開拓し，時代にあった企画を立て，会と人的ネットワークを継続させようと努力している。会の質の確保と継続には，2-3節で後述する地域リーダー（Influencer）が重要な役割を担っている。

2-2　イノベーション支援組織が設立された時代背景

本節では，2000年以降，イノベーション支援組織が設立された時代背景などに関わる先行研究を概観する。まず，1990年代から2000年頃にかけての先進国に共通した経済構造変化に関しては，Lnglois［2003］が，消えゆく手（vanishing hand）と呼んだ経済構造変化などの研究がある。1990年代は，日本だけではなく，先進各国で，企業経営戦略，産業政策，経済成長政策の従来の方針が通用せず，従来の延長線上の考え方では課題に対処できないという認識が共有されていたと考える。次に，従来の延長線上でない企業経営戦略，産業政策等を行うために米国国内の諸都市を含む先進各国によるシリコンバレーからの学びがみられた。具体的には，ベンチャーキャピタルを中心とするシリコンバレーの仕組みの理解やオープンイノベーション，クラスターなどの議論が展開された。

2-2-1　消えゆく手

1990年代は，産業界にとって変革期であった。宮本［2014］は，「1990年代初頭のバブル崩壊から日本は失われた20年を漂ってきた。その間，将来の行方についての確信をなくし，確信が持てないがゆえにさまざまな改革が

主張された」（pp.7-9）としている。

　また，日本では，キャッチアップ型の成長が終わったとされ，最先端の産業・技術を持った先進国として，米国の模倣によらない新成長を目指す必要性が指摘された。戦後の産業政策を推進してきた通商産業省は，10 年ごとに産業ビジョンを作成してきたが，「1990 年代ビジョン」はそれまでのビジョンのように明確な方針を示すことができず，以降，10 年ビジョンは作られることはなかった。このことも，キャッチアップ型の成長が終わったことを示す証左のひとつと認識された。

　しかし，先行研究によれば，1990 年代に産業環境の曲がり角を感じ取ったのは日本だけではない。米国においても，Chandler［1962, 1977, 1984］が描いた垂直統合した大規模寡占企業が 1990 年代頃には活力を失ったり，分解したり，方向性を見失った。Chandler の「垂直統合した大規模寡占企業」とは，製造部門から流通（川下），原料（川上）への進出・統合や，社内研究所などを統合した，電気設備，通信，自動車，石油化学，医薬，電子産業などの大企業であって，消費者や需要の動向に自信を持って手を打ち，19 世紀から 20 世紀終盤までの間，その経営が盤石と思われていた企業群である。

　Adam Smith は，広大な市場を，1 企業が鳥瞰することは不可能であるが，見えざる手（invisible hand）が，価格に反応して生産を増減することで，市場全体が調整されることを説いた。それに対し，「垂直統合した大規模寡占企業」は，市場全体を手に取るように見ることができ，必要な手を打てた（見える手（visible hand）を持った）のであった。

　しかし，Piore and Sabel［1984］が，自動車メーカーのフォード社に代表されるフォーディズムに転機が訪れ，日独の製造業企業が優位となった状況を分析して「ポスト・フォーディズム」の時代になったとし，トヨタ社に代表される「柔軟な専門化」や，「系列」が垂直統合に比べて優位性を有していることなどを指摘し，「第 2 の産業分水嶺」が訪れたとした。Piore and

Sabel［1984］（山之内他訳［1993］）では，「UAW と GM の間で取り交わされた合意を通して，賃金は生産性とインフレーションを加味した水準にまで調整された」（p.111），「戦後の経済構造の中にはこのようなメカニズム（攪乱的な価格の上昇に対して先手を打つ制度的メカニズム）が多くある」（p.114），「その中のいくつかのものは結局崩壊したのである。そしてこの崩壊は，1970 年代の危機においてその一翼を担うことになった」（p.118）としている。

　日独を含めたこれらの大企業も，1990 年代に至ると，市場の動きを予測することができなくなり，方向性を見いだせなくなって活力を失った。その状況を，Lnglois［2003］は，統合組織による見える手の消失，すなわち，消えゆく手（vanishing hand）の支配と呼んだ。

　このように，1990 年代は，日本だけではなく，先進各国で，企業経営戦略，産業政策，経済成長政策の従来の方針が通用せず，従来の延長線上の考え方では課題に対処できないという認識が共有されていたと言える。

2-2-2　シリコンバレーからの学び

　従来の延長線上でない企業経営戦略，産業政策，経済成長政策として 2000 年代以降注目された議論としては，Porter［1990, 1998］のクラスター論，Kenny and Burg［2000］のシリコンバレーの起業促進機能の分析，Chesbrough のオープンイノベーション論（Chesbrough［2003, 2006, 2008］）等がある。

　Kenny and Burg［2000］は，シリコンバレーの「第 1 経済」「第 2 経済」を以下のように定義している。

　　The first （Economy One） includes the conventional activities of existing organizations, such as universities and corporate research laboratories. The other economic activity （Economy two） can be found in fabric of institutions aimed at encouraging and nurturing new firm formation.

Silicon Valley's Economy One and Two are interlinked by organizational histories, personal relations, and technological trajectories; yet they can be seen as conceptually distinct.

The point here is that these organizations did not espouse the economic goal of encouraging and nurturing spinoffs （p.223）.

Economy Two is populated by organizations whose sole purpose is related to serving start-ups （p.224）.

Legal firms are the central actors in Economy Two. Investment banks are another part of Economy Two. The firm's venture capitalists and national executive search firms assist in employee recruitment. There are marketing organization specializing in assisting start-ups. The accounting firms have special practices dedicated to servicing the unique needs of start-ups （pp.226-227）.

Capital gains are the fuel for Economy Two.

A striking feature of the region is that nearly all of the professional service providers are willing to extend to start-ups.

There was "space" for Economy Two to evolve because the electronics technological paradigm provided so many recurring opportunities for entrepreneurs （p.228）. In the 1950s there were start-ups, but not a discernible set of institutions to support them. The development of semiconductor industry grew and effloresced Economy Two （p.229）.

以上のシリコンバレーの「第1経済」「第2経済」の概念の要点を整理すると以下のとおりである。

第1に，シリコンバレーには相互に関連した「第1経済」「第2経済」が存在する。

　第2に，シリコンバレーの「第1経済」は，既存の大学や企業の伝統的な活動である。シリコンバレーの「第1経済」は，起業，スピンオフの支援は行わない。

　第3に，シリコンバレーの「第2経済」は，起業を支援する組織群である。具体的には，法律事務所，投資銀行，ベンチャーキャピタル，人材斡旋会社，マーケティング会社，会計事務所などである。シリコンバレーの「第2経済」は，キャピタルゲインが運営資金であり，推進力である。

　Chesbrough［2003］は，1990年代の米国大企業の事例研究から，企業のイノベーションがクローズドイノベーション（社内開発（closed innovation））からオープンイノベーション（open innovation）に移行していると指摘した。産学官連携のプロジェクトチームによるイノベーションは，自社の経営資源だけではできないイノベーションを外部資源と連携して行うものであり，オープンイノベーションに該当する。

　Chesbrough［2003］（大前訳［2004］）は，「20世紀の終わりに，クローズドイノベーションは危機に直面した。危機をもたらした変化は，第1に，熟練労働者が流動化し，他企業に長年蓄積した知識を持ち去った。第2に，大学，大学院で訓練を受けた者の数が増加し，多くの産業で，大企業から中小企業まで知識レベルが向上した。第3に，ベンチャーキャピタルが，他社の研究を商品化するベンチャー企業を創造した。ことである。この変化により，クローズドイノベーションは，開発から製品化までのスピードアップに劣り，新製品の寿命の短さに追いつけなくなり，賢くなったユーザーやサプライヤーを相手に利益を上げることができなくなった。また，企業が新技術を適切にすぐに商品化できない場合，技術者は転退職（spin out）する選択肢ができた。企業が金と時間をかけて育てた技術者が転退職するということは，新技術の開発に資金を使っても，利益を得る前に成果（技術者についた

知識・ノウハウ）が拡散して利益を回収できなくなるということであり，クローズドイノベーションを崩壊させた」（p.7）と指摘している。また，「クローズドイノベーションが持続可能でなくなったことから，オープンイノベーションが出現した」（p.8），「オープンイノベーションとは，企業が技術革新を続けるために，企業内部のアイデアと外部のアイデアを有機的に結合させ，価値を創造することをいう」（p.8）とし，「オープンイノベーションでは，優れたビジネスモデルを構築するほうが，製品をマーケットに最初に出すよりも重要である」（p.10），「アイデアやテクノロジーの価値は，そのビジネスモデルに依存する。テクノロジー自体には固有の価値はない。（中略）ビジネスモデルは，顧客が求めるものを見い出し，必要なテクノロジーを探し求める」（p.14）としている。

　オープンイノベーションの研究開発から新製品の市場投入までのプロセスは，Chesbrough［2003］による図表 2.2.1 のように示される。

図表 2.2.1　Open innovation

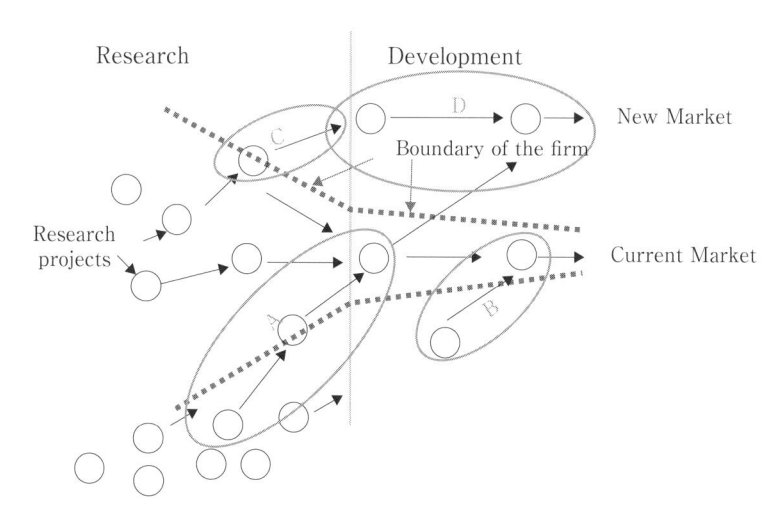

出典：Chesbrough［2003］p.9 から著者作成。

図表2.2.1の（C）に関して，「アイデアは企業の研究の中で生まれるが，発展するにつれて企業外部に出ていってしまうことがわかる。主な例としては，研究開発に携わった研究者が，外部でベンチャー企業を興す事例である。また，外部でライセンスを取ったり，研究者が引き抜かれたりすることもある」（訳，pp.8-9）としている。

　図表2.2.1の（A）に関して，「一方で，外部で生まれたアイデアが企業内部にやってくることもある。図に示すとおり，企業外部には可能性のあるアイデアがたくさん存在する」（訳，p.9）としている。

　オープンイノベーションでは，企業が従来から関わっていた市場（Current Market）以外の市場，すなわち新市場（New Market）に向けて製品を開発し，付加価値を創造することもある。

　従来の市場（Current Market）に製品を投入する場合は，最終的に企業内（Boundary of the firm の中）で製品化して，市場投入することとなる。この場合でも，研究（Research）の Phase で外部のアイデアを取り入れて（図表2.2.1（A）），開発（Development）は企業内で行う場合と，外部で開発された技術を使って製品化（図表2.2.1（B））して市場投入する場合がある。

　新市場（New Market）に製品を投入する場合は，自社での製品化は行わず，社外で製品化して，未知の市場（New Market）に市場投入することとなる。この場合でも，研究（Research）の Phase で社外に出して，社外で開発（Development）を行う（図表2.2.1（C）および（D））場合と，開発の Phase で社外に出す（図表2.2.1（D））場合がある。以上のように，Chesbrough［2003］は，Research，Development，および Market という3つの Phase に分けて考察している。

　しかし，Research の Phase であっても，経営者の構想ができあがる前と構想ができあがった後では，経営者の思考や求める外部資源の性質は異なる。したがって，本書の考察においては，以下の4つの Phase に分けて考

察することが適切であると考える。すなわち，

(1) 経営者の構想ができあがる前に，社内外からのアイデアや技術シーズを Research して試行錯誤している Phase

(2) 経営者の構想ができあがった後にそれを補強し，実現可能性を高めるための Research の Phase

(3) 研究開発のプロジェクトチームの組成と研究開発（Development）の Phase

(4) 市場（Market）に向けて販売する Phase

である。ただし，経営者がオープンイノベーションを成功させるためのビジネスモデルを考える際には，4 つの Phase は一体的に検討される。特に，Market で販売でき，オープンイノベーションを含むビジネスモデル全体の採算が取れるかは，経営者にとって最も重要な検討課題である。

　また，Chesbrough ［2003］は「創造された価値を獲得するために，また，他社のアイデアを社内に取り込むためには，社内での研究開発も継続的に行っておく必要がある。（中略）社内の研究員には，自社のビジネスモデルや将来のロードマップについてよく理解してもらう必要がある。（中略）こうすれば，テクノロジーをマーケットに出す方法が，社内のみならず社外に見つかる場合もあり，研究員のテクノロジーを実現したいという欲求を，結果的に満足させることができるのである」（訳，p.199）とし，他社のアイデアを社内に取り込んでオープンイノベーションを行う際にも，社内での研究開発は重要であることを指摘している。

　Chesbrough ［2008］（長尾訳 ［2008］）は，オープンイノベーションが持つ従来のイノベーションとは異なる性質を，図表 2.2.2 のように指摘している（pp.25-29）。

　宮本 ［2017］は，「チェスブロウ（Chesbrough, 2003, 2006）が指摘したオープン・イノベーションの推進要因，すなわち，開発費用の巨額化，開発スピードの競争，応用技術と基礎研究の融合の必要，異分野技術の融合の必

図表2.2.2　クローズドイノベーションとオープンイノベーションの違い

	クローズドイノベーション	オープンイノベーション
社外知識の役割	社外知識は補完的な役割。	社外知識は社内知識と同等の役割。ただしオープンイノベーションは社内研究開発などの内部資源がしっかりしていないとうまくいかない。
ビジネスモデルの重要性	最も賢い人物に十分な資金を提供すれば市場につながるイノベーションが生み出される。	ビジネスモデルが重要で、その活性化のために社内外から才能のある人物を探し求める。
社内研究開発の評価・管理	社内研究開発の成果が市場に販売されたのに売れないという失敗を減らすという管理。	社としてのビジネスモデルに合致する社内研究開発には投資し、合致しない社内研究開はやめるという管理。
知識・技術の社外活用	社の目的に合致する知識・技術の流出はほとんど認めない。	社としてのビジネスモデルに合わない社内知識・技術が、社外のビジネスモデルで活用されることを認める。
イノベーションを起こす知識に関する考え方	イノベーションを起こす知識は稀少で、自社開発を要する。	イノベーションに役立つ知識は、大学、国立研究所、ベンチャーなどに広く分散している。
知的財産権の考え方	知的財産権は社内研究開発の副産物で、防衛的に使用する。	市場を活用して社内外の知的財産権を交換し、社内研究開発、イノベーションに活かす。
イノベーション市場の仲介者	技術を社内に抱え込む。	技術の仲介市場が発達し、仲介者が情報、アクセス、資金を提供して技術の取引を実現させる。
社内イノベーションの評価	売上高研究開発比率、新製品の数、新製品売上高比率、取得特許数などで評価。	社のサプライチェーン全体の中で社内研究開発がどのように行われているか、イノベーション活動で社外技術がどれくらいの割合か、これらの同業他社とのベンチマーク。アイデア、研究開発から市場投入までの時間。市場へのチャネルが社内、アウトライセンス、スピンオフか。活用されていない特許の販売。

出典：Chesbrough［2008］（長尾訳［2008］）pp.25-29から著者作成。

要，そして内部資源の不足等々は，電気自動車や自動走行車の開発にしのぎを削る自動車産業の開発状況そのものといえる。（中略）製薬産業や情報通信産業など，先端技術分野では日常のこととなっている。あるいは自動車産業のオープン・イノベーションは，そのパートナーとなる情報通信産業や高機能素材産業におけるオープン・イノベーションを推進し，かくしてオープン・イノベーションは産業全体に広がることになる」（p.164），「チェスブロウが指摘したオープン・イノベーションの推進要因，とりわけ開発費用の巨額化や内部資源の不足は，中小企業においても変わらない。いや，その制約は中小企業にとってより重大であるといえる。この意味で中小企業こそがオープン・イノベーションを求めているということもできる。ただし中小企業において，オープン・イノベーションが困難であることもまた間違いない。1つは，オープン・イノベーションにとっては相手パートナーを発見することが死活的に重要となるのであるが，この点において中小企業には決定的な制約がある。（中略）しかし中小企業にとって，大学や研究機関はもとより先端的な企業との連携の壁は厚い。もう1つ，チェスブロウが指摘するように，オープン・イノベーションとは『社内で研究されたアイデアと社外のアイデアを結合し，自社の既存のビジネスに他社のビジネスを活用する』ことだとすると，このように外部資源を利用するためにはそれを活用するだけの内部資源の存在が前提[22]となる。この点においてもまた中小企業には決定的な制約がある。技術的な制約だけでなく，経営面とりわけ市場開拓や販路開拓における制約を免れない。（中略）このように，中小企業においてオープン・イノベーションの推進が困難に直面するのであれば，その制約を補うメカニズムが必要となる」（p.164）としている。

金井［2012］は，「クラスター（産業クラスターや企業集積）研究は，企業レベルの競争戦略論に対し，地域，国レベルの競争力を考えるものとし

22）　Chesbrough,［2003］（大前訳［2004］）p.199。

て，経済学，経営学の多様な分野で研究，蓄積がある。経済学では，Marshall [1890] の「産業の特定地域への集中」の議論にまで遡ることができるというポーター（Porter）[1998] の主張があり，また，経済地理学で産業集積や産業立地に関する議論が展開されてきた。経営学では，ポーター（Porter）[1990] が，ダイヤモンドモデル，すなわち，需要条件，要素条件，企業戦略・競争環境，関連・支援産業の4要素が，特定の国において特定の産業が競争力を持つことができるかを明らかにするという議論を提唱し，それ以降，経営学でクラスターの議論が注目されてきている」（pp.231-232）としている。

2-3　イノベーション支援組織の成功要因と世界各地の事例

　本節では，「イノベーション支援組織」の先行研究をレビューする。まず，支援組織の成功要因に関わる先行研究を概観する。地域企業が強いこと，支援組織が作られること，地域リーダーが存在すること等が指摘されている。次に，世界各地における産学官連携拠点の調査研究を概観する。2000年代中頃以降，世界各地の拠点が注目され研究されている。最近では，世界各地の優秀な「イノベーション支援組織」が国境を越えたネットワークによってつながってイノベーション創造を行っているとの指摘もある。

2-3-1　イノベーション支援組織の成功要因

　Kenny and Burg [2000] は，シリコンバレーの起業支援の成功要因を，起業を支援する組織群，具体的には，法律事務所，投資銀行，ベンチャーキャピタル，人材斡旋会社，マーケティング会社，会計事務所などが存在し，連携して支援していること。キャピタルゲインがこれらの支援組織の運

営資金，推進力となっていることを指摘している。

　筆者が編集，執筆した中小企業白書（中小企業庁 ［2000］）では，「米国で
は，良好な創業・経営革新の事業環境の下で，起業家と関係者が，将来の大
きな利益を夢見て共同作業を行い，創業の活性化や，ベンチャー企業の飛躍
的な成長を実現してきた。日本も，事業環境の個々の分野では米国の制度等
を参考に整備が進められ，たとえば，ストックオプション制度の創設，国立
大学の教官の兼業可能範囲の拡大，司法改革などさまざまな改革が行われて
おり，加えて，ベンチャー支援策が充実され，創業が活性化する動きが見ら
れる。今後，これらが一体的に機能して，創業が一層活性化することが期待
されている」（pp.232-233）とし，中小企業庁 ［2000］第 2 章において，シ
リコンバレーの起業支援の成功要因，関連する組織，制度について詳細に記
述している。

　金井 ［2012］は，「地域経済が発展するためには，第 1 に，大企業，誘致
企業，中堅企業，中小企業，ベンチャー企業など地域企業が強いことが必要
であり，第 2 に，大学からの産業・ベンチャー支援，地方政府の産業支援組
織などの支援組織が作られ，機能し続けることが必要である」（pp.260-264）
としている。

　このためには，「1）地域企業のリーダーが，地域発展のために協働するこ
と，2）支援組織のリーダーや職員が，企業家精神（entrepreneurship）を
もって活動し続けること，3）地域企業のリーダー，支援組織のリーダー・
職員を結ぶ人的ネットワーク，それを束ねる地域リーダー（Influencer）の
継続的活動が必要」（p.232）としている。加えて，「地域の大企業，中堅企
業，ベンチャー企業の製品の連鎖と市場を転結する需要搬入企業が必要」
（p.232）としている。

　金井 ［2012］は，地域リーダーについて，「フレデリック・ターマンは，
地域の（中略）技術者と研究者のコミュニティを構築した。ジョージ・コズ
メツキーは（中略）ネットワーク組織を創造し，これらのネットワークをて

こに（中略）ハイテク産業形成を促進している。（中略）このような人物を
ギブソン，ロジャーズ［1994］はインフルエンサー（Influencer）と呼び，
東［2001］は，『地域リーダー』と呼んだ」（pp.234-235）としている。

　福嶋［2013］は，「クラスター形成において特定の役割を果たす個人の存
在が重要であるという指摘をする研究もある。たとえば，『インフルエン
サー』や『ビジョナリスト』と呼ばれる地域のリーダー的役割を果たす個人
がそれである（Gibson and Rogerrs, 1994）」（p.29），「たとえばシリコンバ
レーの父と呼ばれるフレデリック・ターマン，オースティンでは IC^2 の
ジョージ・コズメッキー，リサーチ・トライアングルではハワード・オダ
ム，サンディエゴではリチャード・アトキンソン，ソフィア・アンティポリ
スのピエール・ラファエット，オウルのマティー・オタラなどがビジョナリ
ストの事例として挙げられている（Smilor et al., 2007）。また Philips ［2009］
は，ビジョナリストではなく，『ゴッドファーザー』という言葉を使いなが
ら，アジアにもこのようなビジョナリストがいたことを指摘した。たとえ
ば，インドのハイデラバードを IT 集積地にしたチャンドラバブ・ナイドゥ
（Chandrababu Naidu），台湾の半導体産業の集積を作り上げたモーリス・
チャン（Morris Chang），そして元大分県知事，平松守彦などがそれに当た
るとした」（p.29）としている。

2-3-2　世界各地における産学官連携拠点の調査研究

　世界各地における産学官連携拠点の調査研究は 2000 年代に多く行われて
いる。

　金井［2003］では，TAMA クラスター（pp.86-98），近畿バイオ・クラス
ター（pp.99-109）を調査しているほか，文献調査により，米国のシリコン
バレー，ボストン，西マサチューセッツ，オースティン，サンディエゴ，ロ
サンゼルス，フェニックス，ノースカロライナ・リサーチ・トライアング

ル，ニューヨーク・シリコンアレー，サンフランシスコ・ベイエリア，シアトル，オレゴン，ピッツバーグ，ヒューストン，コロラド，アトランタ，南フロリダ，デトロイト，ミネアポリス，ウィチタ，ロチェスター，仏のソフィア・アンティポリス，独のミュンヘン，ドルトムント，シュツットガルト，英国のケンブリッジ，オックスフォード，マンチェスター，スコットランド，アイルランドのダブリン，デンマークのコペンハーゲン，メディコンバレー，北ユトランド，スウェーデンのスコーネ地域，ウプサラ，ストックホルム，フィンランドのオウル，中国の北京・中関村，上海，深圳，台湾の新竹，韓国の大田，大徳バレー，インドのバンガロール，シンガポール，マレーシアのクアラルンプール・サイバージャ，タイのタイ南部を紹介している（pp.130-151）。

　西口［2003］では，日本の浜松，岡谷，多摩，京都リサーチパーク・けいはんなプラザ，かながわサイエンスパーク，英国のケンブリッジ，オックスフォード，オランダ，ドイツでインタビュー調査を行っている（pp. 361-373）。

　金井［2012］では，米国のオースティン（pp.73-82），英国のケンブリッジ，スコットランドのシリコングレン，バイオコリドー（pp.85-103，pp. 245-247），フィンランドのオウル（pp.242-244），ドイツのミュンヘン（p. 248），日本の札幌（p.249）を調査し，紹介している。

　Gibson［1994］，西澤，福嶋［2005］，福嶋［2013］は，米国のオースティンについて調査し，紹介している。

　これらの文献では，2000 年代を中心に，世界各地でイノベーションを指向する地域・クラスターが自然発生的またはシリコンバレーを模倣して政策的に作られたことを調査し，紹介している。これらの文献の一部は，それらの地域の支援組織についても調査し，紹介している。

　また，Launonen and Vitanen［2011］は，近年では世界各地の優秀な「イノベーション支援組織」が国境を越えたネットワークによってつながってイ

ノベーション創造を行っており（p.23），これらの組織は「グローバル・イノベーション・ハブ」となって世界最先端のオープンイノベーションを支援し，イノベーション創造と，現実の市場を結びつける役割を担っている（p. 27）としている。

2-4　オープンイノベーションとネットワーク

　本節では，オープンイノベーションとネットワークの関係に関して，2-4-1 項で地域産業とネットワーク，2-4-2 項に，信頼関係・信用のシステム，2-4-3 項に，ネットワーキング組織・ネットワークレントのタクソノミー（分類），2-4-4 項に，弱い紐帯・構造的空隙，2-4-5 項に，オープンイノベーションの文脈での弱い紐帯・構造的空隙などの先行研究を概観し考察する。そのうえで，経営者の構想ができあがる前の Research，構想ができあがった後の Research，研究開発（Development），市場（Market）というオープンイノベーションの 4 つの Phase に，弱い紐帯・構造的空隙の議論および取引コスト・アプローチを適用して，オープンイノベーションとネットワークを考察する新たな枠組みを示す。また，この枠組みにおいて，ケーススタディから，経営者と外部資源との構造的空隙を埋めるパターンとして，第 1 に，経営者本人による場合，第 2 に，弱い紐帯の媒介者による場合，第 3 に，強い紐帯の媒介者による場合の 3 つのパターンがあり，経営者と外部資源との構造的空隙を埋めるための取引コストは，第 1，第 2，第 3 のパターンの順に小さくなると考えることができることを発見した。

2-4-1　地域産業とネットワーク

　「ネットワーク機能が，地域産業の発展に貢献する」という議論は，多く

のネットワーク論の先行研究でなされている。

　今井・金子［1988］は，ツインバード工業の事例として，「商品に添付し消費者から返信を受ける愛用者カードに書かれている内容から消費者のニーズを直接得て，商品開発関係者が新商品の企画を議論し，公設試験場，大学とのネットワークなど社外ブレーンとの結びつきを積極的に作ってものづくり力を強化して対応している」（pp.65-70）ことを紹介している。また，「現場で，異なる能力，背景をもった人が触発し合って創造する情報（場面情報）が重要である。たとえば，工場，研究開発の現場や，市場，マーケティングの現場で，関係者が現物や直接的な情報を見ながら議論することで，互いに触発されながら，新しい相互関係，価値を生み出す契機とすることが重要」（pp.45-55）と指摘している。また，「経済学の一般均衡分析の仮定とは異なり，市場には常にはオークショナー・競り人がおらず，現代社会の分散しているニーズと，未利用資源を結びつける『商人』の機能が必要であり，その機能を果たすのがネットワークである」（pp.135-144）としている。

　今井［2008］は，「異質の文化の下に育ち教育された人々は，異なる価値観や発想を持ち，他の人々が当然と考える前提にも疑問を持つであろうし，思考の道筋も違っている。そのようなハイブリッド性を持つプロジェクトがネットワークとして形成されるということが，ネットワーク的な世界の楽観的な部分である」（p.187）としている。この指摘については，「産学官の人的ネットワーク」に参加した企業人から「視野が広がったことが自分にとって大きい」「産学官の人的ネットワークに触発されて研究開発を進めてきた」といった指摘[23]があり，「産学官の人的ネットワーク」の重要な機能のひとつと言える。

　今井［2008］は，「インターネットなどのネットワークを通じての会話となることによって，その範囲は飛躍的に拡大する。これは，企業の実質的な

23）　たとえば，TAMA 協会のスタック電子㈱の田島会長や岩手県の T 社の M 社長。

境界を拡大しオープンにするという点で，望ましい効果を持つ。しかし他方では，対話をしている者の間に共通の経験がないので，真の問題解決につながるような対話をする場が形成されず，誤解が生じたりする」（p.211）としている。

この指摘を産学官連携に当てはめると，産学官による研究開発を成果に結びつけるには，メンバー相互の深い共通理解，信頼関係が必要であり，そのためには，「場面情報」を共有したり，立場の違う相手の思考と表現が理解できるまで話し込んだりといった対面対話（フェイストゥーフェイスコミュニケーション：face to face communication）が必要であるという指摘に当たる[24]。相互信頼関係を築くためには，フェイストゥーフェイスコミュニケーションに要する時間・コストと，成果の期待値が見合うことが必要である。この条件は，多忙なベンチャー企業の創業者や，中小企業の経営者にとっては厳しいものである。したがって，実のある出会いがあるようにスクリーニングされたメンバーの場，それを提供できる人的ネットワークが重要であると言える[25]。

また，各地の人的ネットワークには，人的ネットワークの中心となってネットワークを組織する人の存在が確認できる。彼らは収入・利益などの経済要因だけでなく，理念に導かれて行動している。たとえば，後述するTAMA-TLO の松永義則研究成果移転事業部長も収入だけでなく，中小企業のイノベーションを支援することに価値を見いだしている。人的ネットワークのメンバーを見ると参加の動機，ネットワーク運営へのコミットなどは多様である。人的ネットワークが機能し，アクティビティを保つためには，中心となる人たちの人的ネットワークのマネジメントへの貢献が重要である。人的ネットワークを観察する際には，人的ネットワークが掲げている

---

24)　2-4-3項で後述する金井［1994］のダイアログ型のネットワーキング組織に該当する。

25)　吉田［2015］pp.28-29。

目的，ルール，参加者数，活動内容等を把握するとともに，中心となってネットワークを運営する人たちに着目する必要があると考える。

福嶋［2013］は，「Feldman et al.（2005）によると，（中略）最初の変化（危機，産業の衰退，または機会）によって潜在的企業家が企業を設立する。（中略）第2段階の変化は，クラスターの自己組織化，企業家，起業，制度，資源間の自己強化のフィードバックが始まる。ネットワークやコミュニティはクラスター発展のこの段階から益々重要になってくる。企業家が物的・人的資源を地域に引き付け，ネットワークが形成され，適切なインフラが公的または私的イニシアティブによって形成される」（pp.34-35）としている。

西口［2003］は，

「ネットワークが形成される理由について，従来の組織関係論の枠組みでは，資源依存，協同戦略，取引コスト，制度化の4つのアプローチで議論されてきた。

①資源依存アプローチは，組織は資源を所有する他組織に依存するため，資源の交換・相互依存が起こり，組織関係が形成されるとする。資源依存アプローチでは，ある組織が他組織にパワーを持つので，フィールドワークで観察された参入離脱自由なネットワークの存在を説明できないとしている。

②協同戦略アプローチは，変動環境下で，組織間協同目標を追求する共生関係を重視するとしている。しかし，協同戦略の内容，有用性が要検証であると指摘している。

③取引費用アプローチは，取引費用を最小化するように，組織，市場，ネットワークシステムといった枠組みが選択されるとされる。この選択は，取引の不確実性，取引頻度，取引に関わる投資に依存するとされる。しかし，フィールドワークで観察された経済効率性以外の学習，知的創造といった活動を説明できないと指摘している。

④制度化アプローチは，組織は，たとえば，政府，業界団体，専門家
集団のように，制度化された環境に埋め込まれているとする。
さらに，従来の組織関係論の枠組み以外のアプローチとして，
⑤知的創造のネットワークを挙げ，ネットワークを通じて商品・サー
ビス，資金，情報が流れることで知識が創出・蓄積されることが重
要であるとの見解が広がってきているとしている」（pp.33-39）
と整理している。

また西口［2003］は，
「1998年～2001年，日本，英国，オランダ，ドイツで中小企業のネット
ワークに関するヒアリングを行ったフィールド調査の結果として，
①中小企業，大学，支援組織等のネットワークは多様であるが，環境
変化によって生じた新たなニーズに対応するためにネットワークが
形成され，さらなる環境変化に対応するために維持されていること
は共通しているとしている。
②これらのネットワークには参加・退出の自由があり，一方的な命令
で機能しておらず，活動理念・目的への共感，コミットメント，信
頼で機能しているとしている。
③ネットワークに参加すると，単独では得ることができない便益・レ
ントが入手できる。レントを発生させることができなかったネット
ワークは消滅する。ネットワークが成立，維持されるにはレント
（rent）を必要としている」（pp.352-356）
と指摘している。

2-4-2　信頼関係・信用のシステム

　本書のテーマである中堅・中小企業の産学官連携によるオープンイノベー
ションでは，経営者は社内で得られない経営資源を外に求め，外部資源との

信頼関係を構築してイノベーションを行わなければならない。Coleman
［1990］（大前訳［2004］）は，「信頼を置くことの 4 つのポイントとして，第
1 に，信頼すると，信頼しなければ不可能な行為ができるようになる。第 2
に，信頼に足る人の場合は信頼を置く方が大きな利益をもたらし，信頼に値
しない人の場合は信頼を置く方が状態を悪くする。第 3 に，信頼を置くこと
は信頼する人側だけの自発的行為である。第 4 に，信頼した結果がわかるま
でにタイムラグがある」（pp.158-160）とし，「信頼する側が直面する諸要素
は，合理的行為者が賭けを行うかどうかを決断する際に採用する考慮にほか
ならない」「信頼の意思決定はリスク下の効用最大化の公準にもとづいてい
る」（pp.160-161）としている。

　信頼の仲介者について，Coleman［1990］（大前訳［2004］）は，「仲介者
による信頼の連鎖が存在しなければ実行されなかったであろうと思われる活
動が促進されている」（p.278）として，信頼の仲介者を助言者，保証人，企
業家[26]と 3 つに分類しておのおのの機能を分析している。このうち，助言者
については，信頼する人（A）は，助言者の判断を信頼して，助言者が良い
と言う人（B）を信頼する。この場合，A は B の遂行能力を直接信じること
となり，タイムラグを経て信頼に値しなかったことが判明したときのリスク
は A が負う。他方，保証人と企業家は，B がタイムラグを経て信頼に値し
なかったことが判明したときのリスクは保証人と企業家が負い，生じた損失
は保証人と企業家から A に対して支払われる。この意味で，Coleman
［1990］（大前訳［2004］）は「助言者は，完全な意味での仲介者ではない」

26）　Coleman［1990］での原語は entrepreneur。Coleman（大前訳［2004］）は「企業
　　家の役割は，いく人かの信頼付託者の信頼を誘導し，これらの資源を束ね，投資家の
　　ために利益を実現することが期待される行為者に橋渡しする。投資銀行家のなかに
　　は，主としてこの役割を専門にしている者がいる。（中略）政治システムのなかにも
　　しばしば見いだされる。企業家的な信用の仲介者としてうまく振る舞う者がいる。約
　　束を守ることでその誠実さが知られ，その立場からコミュニケーションで中心的な役
　　割を果たすことが自然な人物であった」（pp.279-280）と述べている。

（p.281）としており，本書では，この助言者の機能を有する人を，福原［2003］の「対人的な信頼が形成される過程での媒介者の影響を解明しようとした代表的研究に Coleman［1990］の業績をあげることができる」（p.10）にしたがって「媒介者」と呼ぶこととする。

　「相互信頼関係からなるコミュニティ」に関して，Coleman［1990］（大前訳［2004］）は「ごくありふれた状況が，（中略）相互信頼のシステムを生み出す。このようなことが起こるのは，多数の行為者（コミュニティ）が全員，同じ利害を持つような帰結を生み出す活動に従事する場合である。（中略）この社会構造は，相互信頼の二者システムの一般化であるが，三者以上の行為者を含んでいる」（p.290），「この社会構造の公式の性質は，各行為者が信頼付託者であり受託者であるという，相互信頼の二者システムの拡張だという点である。信頼付託者としては，各人は他者もまた貢献するものと信頼して共通利益の活動に貢献する」（p.291）としている。

　媒介者について，オープンイノベーションの文脈では，Chesbrough［2008］（長尾訳［2008］）が，オープンイノベーション・パラダイムの従来理論との比較における新しさとして，「第 7 の違いは，イノベーション市場での仲介者の役割を重視することである。（中略）仲介者は今やイノベーション自体の中で直接的な役割を果たすようになってきている」（p.28）としている。

2-4-3　ネットワークのタクソノミー

　金井［1994］は，MIT・エンタープライズ・フォーラムと SBANE エグゼクティブ・ダイアログ・プログラムの 2 つのネットワーキング組織の事例を踏まえて，フォーラム型とダイアログ型という 2 つの類型論における純粋型を提示している（p.320）。その要約は，図表 2.4.1 のとおりである。

　それぞれの理念型の特色として，金井［1994］は，「フォーラム型に参加

図表 2.4.1　ネットワーキング組織のタクソノミー

	フォーラム型	ダイアログ型
連結	弱連結	強連結
基盤	メンバーが異質性と短期のコミットメントを選好	メンバーが同質性と長期のコミットメントを選好
参加の便益	用具的ネットワーク 広範な情報，資源へのアクセスツール	表出的ネットワーク 悩みも話せ癒やしの場でもある
参加の要件	オープン，低い敷居	限定的，高い敷居
継続の要件	散発的参加の容認	継続的参加の強制
連鎖効果への期待	連鎖効果を期待	連鎖効果はもし生じても副産物に過ぎないとみなす
規模	ゆるやかな集まりなので大規模になりうる	強連結なので規模は大きくならない

出典：金井［1994］pp.321-322 から著者作成。

する人はそれまでに会ったことのない人で，自分と違うバックグラウンドを持ち，自分とは異なる経験をし，自分にない発想，意見，情報や資源をもたらす『見知らぬ人』にその場で出会えること，つまりある意味では運への間口を広げることを目指している」（p.324），「ダイアログ型の同輩集団による共同問題解決が加入者にある種の治療効果を持つ場合，その場には，グループ・セラピー（集団療法）のメタファーがふさわしい。ダイアログ型は，広く多くの人と出会うことよりも，すでに知っている人との強い連結を生かし，またたとえ初めて会った人とも長期的関係を築く姿勢をとることによって人と人とがつながっていく」（p.325），「フォーラム型では自分の強みを異なるタイプの人が提示（場合によっては誇示）する傾向があるが，ダイアログ型では，自分の弱みを同じような弱みを持つ（あるいは克服してきた）人の前で表出することを主眼とする」（pp.330-331）としている。

　そのうえで，「現実のネットワーキング組織には，純化された理念型の諸

要素が混在している」（p.341），「現実は，概念枠組みよりもさらに複雑で興味深い。注意深くみると，MIT フォーラム会にダイアログ型の要素が，そして SBANE ダイアログ会にフォーラム型の要素が少しだけスパイスのように混入している」（p.422），「フォーラム型は広くゆるやかな繋がりを希求する。そのため，どうしても，常に不安定で空中分解しそうになる。それを防ぐため，中核部分（運営委員会）がダイアログ型に結束しているから空中分解しないのである」（p.422），「ダイアログ型は強い継続的な連結を同輩に求める。そのマイナス面はマンネリやマスターベイションに退化してしまうことである。ダイアログ会は，年度末にグループを解散してメンバー替えを行う強制解散ルールで，フォーラム型の要素をわさびのようにうまく混入させたことになる」（p.423）と，現実のネットワーキング組織は，理念型の要素を兼ね備えていることを指摘している。

西口［2003］は，2-4-1 項で既述したレントについて，Koght［2000］が提唱した以下の2種類のレントを紹介している。

「①バート・レントは，構造的な穴が埋められ，遮断されていた情報が流れるようになったネットワークに発生しうるレントをいう。

②コールマン・レント[27]は，少数・固定メンバーの緊密な相互依存関係が生まれているネットワークに発生しうるレントをいう」（pp. 351-352）

Koght［2000］は，

「we are interested in understanding the conditions by which certain network structures generate value that is captured differentially by participating firms through their coordination. Call the first type of advantage a Burt rent. （中略） The key construct for Burt is the notion

---

27）　Coleman［1990］（大前訳［2004］）が「相互信頼関係からなるコミュニティ」の各人は他者もまた貢献するものと信頼して共通利益の活動に貢献する」（p.291）としている。本書 2-4-3「信頼関係・信用のシステム」参照。

of "nonredundant"ties.（中略） In this network, the rent accrues to the firm bridging the structural hole. The second type of advantage can be called a Coleman rent. Coleman （1990） stressed that redundant ties among firms （or actors） result in a resolution to collective action problems. Coordination is improved through repeated exchange among stable members to the group.」(pp.414-415)

としている。すなわち，Koght は，企業が参加し協力しているネットワークが価値を生み出す条件は何かという問題提起を行い，第 1 の類型をバート・レントと命名した。これは，構造的空隙[28]に架橋するときに生じるレントである。そして第 2 の類型をコールマン・レントと命名した。これは，永続的なメンバー間で繰り返される意見交換から協調が増進されることで生じるレントである。

　西口［2007］は，ネットワーク参加から派生する企業価値の源泉を理解するために，レント（rent, 利得）の概念を援用し，ネットワーク構造に着目する形で，2 つの異なるタイプのレントを次のようにモデル化している。

　第 1 のタイプは，「近所づきあいのネットワークである。（中略）コールマン・レントと呼ばれるもので，（中略）固定的なメンバーの間で繰り返し行われる交流や交換が相互依存関係を深め，集団的なアイデンティティを醸成する。ここで発生するレントは『信頼（trust）』がベースになっており，機密性の高い情報や，暗黙知（implicit knowledge）に基づくノウハウの共有，協調行動による深い学習などが一例である」(p.165) としている。

　第 2 のタイプは，「遠距離交際のネットワークである。これは（中略）バート・レントとも呼ばれる。（中略）『構造的な溝（structural hole)』が存在し，複数のグループ間で情報の流れが断絶されている場合がある。（中略）

---

28)　2-4-4 項で後述する。Burt［1992］（安田訳［2006］）は，構造的空隙（Structural Holes）を「重複しないコンタクトの間の分離（separation）」(p.11) と定義している。

特定の人や組織がこの『構造的な溝』を埋めると，各グループに属する人や組織は，それまで隔絶されていた新しい情報の流れにアクセスできる。この場合，得られる情報そのものは形式知（explicit knowledge）である場合が多いが，（中略）受け手側にとっていかなる稀少価値を持つかによって，相応のレントの発生と獲得が期待できる」（p.167）としている。。

Koght［2000］，西口［2003］の2つのレントの議論は，金井［1994］のダイアログ型，フォーラム型のネットワーク組織の便益とパラレルな議論であると考えられる。また，Granovetter［1985］の弱い紐帯の議論，Burt［1992］の構造的空隙の議論，金井［1994］のフォーラム型の便益，Koght［2000］のバート・レント，西口［2003］の遠距離交際のネットワークのレントは，構造的空隙に架橋するときに生じるレントを論じているという意味において，類似の議論であると考えられる。弱い紐帯，構造的空隙の先行研究は，2-4-4項で概観する。

2-4-4　弱い紐帯・構造的空隙

Granovetter［1985］（渡辺訳［1998］）は「自分と強い紐帯（strong ties）を持つ人々の方が就業情報で援助しようと動機づけられていると思うかもしれない。しかし，自分と弱く結びついている（weak ties）人々が，自分のまだ持っていない就業情報にもっと接近できるという構造的な傾向がある。（中略）自分と最も親密な人々は，自分が既に知っている人々との重複した接触が最も多く，彼らが関知する情報は自分が既に持っているものとほとんど変わらない傾向がある」（p.51），「接触頻度として私は次のカテゴリーを用いた。『しばしば』——少なくとも週2回以上，『時々』——年2回以上で週2回未満，『まれに』——年1回以下の3つのカテゴリーである」（p.51）としている。本書で「弱い紐帯」，「強い紐帯」という語を用いるときは，上記にしたがって，強い紐帯を「少なくとも週2回以上接触し，持っている情

報が自分ものとほとんど変わらない傾向の人々との紐帯」，弱い紐帯を「週2回未満の接触で，自分がまだ持っていない情報を持っている傾向の人々との紐帯」とする。

　Burt［1992］（安田訳［2006］）は，構造的空隙（Structural Holes）を「重複しないコンタクトの間の分離（separation）」（p.11）と定義している。そして「情報はクラスターの中を高速で循環している。各人は，他者が知っていることを知っている傾向がある。それゆえ，新たな考えや機会の情報は，離れたクラスターの人々をつなぐ弱い紐帯を通じて拡散するに違いない。（中略）だからこそ，弱い紐帯には力がある。弱い紐帯は，広い社会の中でともすれば分断されてしまう社会的なクラスターを統合する情報の流れにとって，不可欠である」（p.21）とし，弱い紐帯の議論と構造的空隙の議論を図表2.4.2によって統一的に説明している。

　Burt は図表2.4.2において「（楕円で示されている）3つのクラスターがある。実線によって示されている強い紐帯は，クラスター内のプレイヤーをつないでいる。点線は離れたプレイヤー間の2本の弱い紐帯を示している。『自分』は，自らのクラスター内の2つの強い紐帯と，A，B がいる他のクラスターとの弱い紐帯を持っている。自分のネットワークには，第1に Aが属するクラスターと自分のクラスターとの構造的空隙，第2に，B が属するクラスターと自分のクラスターとの構造的空隙，第3に，A と B との間の構造的空隙がある。（中略）『自分』は最も多くの構造的空隙を持っており（3つ），A，B はそれより少なく（1つ），他のプレイヤーはほとんど構造的空隙を持っていない」（pp.21-22）としている。

　そのうえで，「情報利益を生み出すのは構造的空隙の橋渡しであって，紐帯は，強かろうが弱かろうが，構造的空隙にかかるブリッジである限り，情報利益を生み出す」（p.23），「構造的空隙の議論では，ブリッジの強さはいわば余談である」（p.24）と，Granovetter を批判している。

　Burt［1992］（安田訳［2006］）が主に論じているのは「競争場の社会構

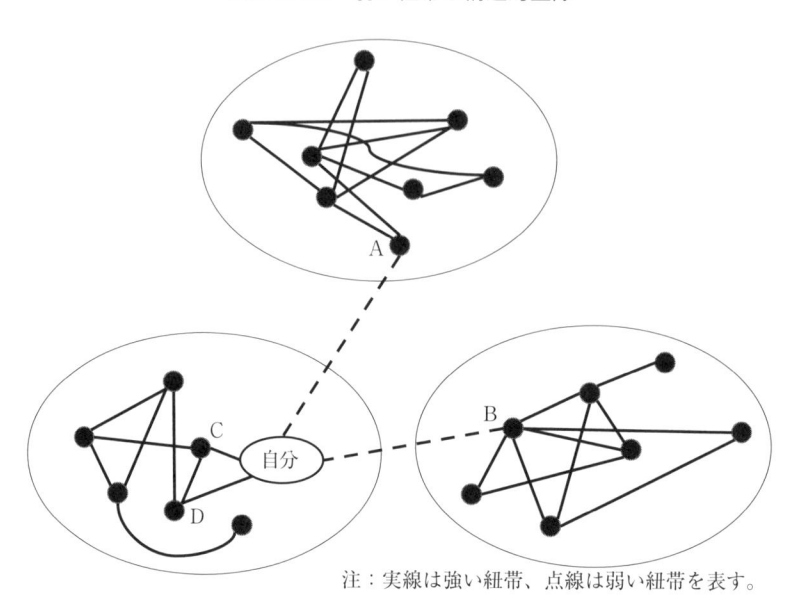

図表 2.4.2　弱い紐帯と構造的空隙

注：実線は強い紐帯、点線は弱い紐帯を表す。

出典：Burt［1992］（安田訳［2006］）p.21 から著者作成。

造の中で，プレイヤーのネットワーク構造に関する何かと，プレイヤーのコンタクトの位置に関する何かが，投資に関する高い収益率を得る競争上の優位を与える」（p.4）と述べているように，ある個人が，できるだけ多くの重複しないクラスターからパフォーマンス良く幅広い情報を集めるために，どのように行動することが合理的かという議論[29]である。そのための具体的な処方箋として，効率的かつ有効なネットワークについて「第 1 の原則は効率性。ネットワークの中の重複しないコンタクトの数を最大化すること。（中略）既存のコンタクトと重複するコンタクトから得られるものは，ほとんど

---

29)　Koght［2000］も，Burt［1992］の議論を「The key construct for Burt is the notion of "nonredundant"ties.」（pp.413-414）としている。

ない」（p.14），「第二の原則（有効性）は，二次的コンタクト（関係の末端
にいる人）ではなく，一時的コンタクト（人々のクラスターにアクセスする
窓口）を保持することに資源を集中させること」（pp.15-16）を提示してい
る。

2-4-5　オープンイノベーションの文脈での弱い紐帯・構造的空隙

　オープンイノベーションに必要な外部資源を，ネットワークを利用して探
索するためにどうすべきかという考察において，弱い紐帯・構造的空隙の議
論は示唆に富むと考えられる。なぜなら，構造的空隙をつなぐ弱い紐帯が，
経営者のオープンイノベーションに関わる探索費用を低減させる可能性があ
るからである。経営者は一般に企業内の研究開発のマネジメントを含む企業
全体のマネジメントコストを負担しているが，オープンイノベーションを行
う場合は，オープンイノベーションを行うために必要な取引コストを支払う
こととなる。具体的には，構想ができあがる前の Research，構想ができあ
がった後の Research, Development, および Market という 4 つの Phase
ごとに，第 1 に，Search cost（探索費用），第 2 に，社外の人たちに機会主
義的行動を取られないかなどを監視する Monitoring cost（監視費用）とい
う取引コストを負担することとなる。すなわち，オープンイノベーションに
よる研究開発プロジェクトは，内部資源だけでは達成できないことを成し遂
げうるというメリットがある反面，社内で閉じた研究開発とは異なり，
Search cost と Monitoring cost という取引コストを追加的に負担することに
なる。これらを整理すると，図表 2.4.3 のように表すことができる。経営者
は，オープンイノベーションによって期待されるメリットと取引コストなど
の費用対効果を考えてオープンイノベーションを行うか否か決定することと
なる。

　以下に図表 2.4.3 の phase ごとに考察する。

図表2.4.3　オープンイノベーションの4つのPhaseと経営者の2つの取引コスト

phase	経営者の取引コスト	
	Search cost（探索費用）	Monitoring cost（監視費用）
「構想ができあがる前」のResearch（アイデア，技術シーズ探索，研究）	イノベーションを起こすため，社内外からアイデア，技術シーズを探索するコスト。	社外の人に自らの構想に係る内部情報を話すことで，内部情報を盗用されたり，競合相手になるなど機会主義的行動を取られないかモニタリングするコスト。
「構想ができあがった後」のResearch（アイデア，技術シーズ探索，研究）	イノベーションの「構想ができあがった後」に，構想に基づいて必要な技術等を探索し，候補者が本当に必要な技術等を有しているか調査し，候補者の信用情報を調査するコスト。外部資金の探索コスト。	社外の人を共同開発のパートナーとした場合に，機会主義的行動を取られないようモニタリングするコスト。
Development（プロジェクトチームによる研究開発）	開発開始後において上記と同様のコスト。	開発開始後において上記と同様のコスト。
Market（販売と市場）	新規市場開拓の場合，市場調査コスト。新規市場の情報保持候補者を探索するコスト。情報保持候補者の信用情報を探索するコスト。	社外の人を販売のパートナーとした場合に，機会主義的行動を取られないようモニタリングするコスト。

出典：各社ヒアリングから著者作成。

(1) イノベーションの構想ができあがる前のPhaseでは，Chesbrough［2008］（長尾訳［2008］）の「同じパートナーだけと結びついていると外部の情報に対して閉じられ，イノベーションは窒息する。Granovetter（1985）のいう弱い結びつき，異なる情報源へのアクセスを作ると良い」（pp.301-302）という指摘が重要である。ふだんとは異なる情報源へのアクセス，すなわち，弱い紐帯の人から着想を得る，弱い紐帯の人とディスカッションすることで自らの発想を変えるといったことが必

要である。ただし，Chesbrough は上記を指摘することにとどまり，オープンイノベーションを行うために必要なプレイヤーや情報を集めるためにネットワークをどう活用するかといった議論を深めてはいない。Granovetter［1985］，西口［2003, 2007］も，ふだんとは異なる情報源へのアクセスの重要性を指摘しているが，オープンイノベーションの文脈での言及はない。

(2) イノベーションの構想ができあがった後の Research, Development, および Market という 3 つの Phase では，構想に基づいてオープンイノベーションを実行するために，必要な技術等を探索し，候補者が本当に必要な技術等を有しているか内部情報を一部開示しながら調査し，候補者の信用情報を調査し，候補者を信頼すると決断した場合は，必要な技術等を使用させてもらいながら共同開発のパートナーとなってくれるよう交渉することとなる。また，オープンイノベーションを実行するための外部資金を探索する取引コストも必要となる場合がある。

　Granovetter［1985］（渡辺訳［1998］）の転職の議論は「大多数の場合，新しい職について個人は勤め口に関する一般的な公表に拠らず，人的なつながりを通じて知る。（中略）本書では，情報の伝搬を媒介する対人的な紐帯（tie）の形成，性質，維持が詳細に論じられる」（p.4）としているように，さまざまな紐帯を介して内部情報を一部含んだ情報が伝搬され，紐帯がつながったときに転職が成立するとしている。Granovetter の転職の議論と構想ができあがった後のイノベーションに関わる Search の違いのひとつは，オープンイノベーションに必要な技術等は，営業秘密によって隠された企業のノウハウもあるが，特許，工業技術関係の学会，論文，大学教員などのデータベースなど公開された情報も探索の入口の情報として使いうることである。工業技術関係の大学教員は，構想ができあがった後のイノベーションに関わる Search に関して，

　①大学という組織，教員という職に対して一般人が一定の信頼を置いてい

るというマクロ信頼[30]を背景としている

②企業経営に参画する場合を除いて非営利であって，企業と競合しない

③公開された論文等により，誰もが教員の専門分野を知ることができる

④教員自身の専門分野に関して，学会，ジャーナル，人的ネットワーク等を通じて技術の網羅的知識，検索機能を有していて，イノベーションに関わる Search に貢献しうる

という特色を有しており，オープンイノベーションの文脈での弱い紐帯・構造的空隙の中で特異な存在であると言える。

ただし，公開情報やマクロ信頼は，探索の入口の取引コストを低減させる効果は見込めるものの，その効果は限定的である。経営者が外部の人をオープンイノベーションのパートナーとするためには，その人を信頼することが必要であり，最終的には，経営者が外部資源に関して納得できるだけの情報を入手し，信頼することが必要となる。この取引コストが経営者と外部資源の間の紐帯によって異なることについては 2-4-6「紐帯の強さ・弱さとオープンイノベーションの取引コスト」で後述する。

　オープンイノベーションは，外部資源（必要な技術等を有する社外の人たち）と共同することによって内部資源（社員人材）だけでは成しえないイノベーションを行うものであり，構想ができあがった後の Research, Development, および Market という構想に基づいて実行するという 3 つの Phase では，Coleman ［1990］（久慈訳［2004］）が，「仲介者による信頼の連鎖が存在しなければ実行されなかったであろうと思われる活動が促進されている」（p.278）と指摘したことが重要な意味を持つ。社内では得られない技術，ノウハウを有する外部資源と信頼の連鎖で結びついた共同事業を行うことができれば，社内人材だけによる場合（クローズドイノベーション）に

30）　福原［2003］は「マクロ信頼は，個々人に付帯している知識や能力ではなく，そうした個別の知識や能力の連鎖に対して信頼することに他ならない」としている。

比べて，多くのブレークスルーが期待される。

　Burt［1992］（安田訳［2006］）は「情報利益を生み出すのは構造的空隙の橋渡しであって，紐帯は，強かろうが弱かろうが，構造的空隙にかかるブリッジである限り，情報利益を生み出す」（p.23），「構造的空隙の議論では，ブリッジの強さはいわば余談である」（p.24）としているが，オープンイノベーションに必要な外部資源を Search，Monitoring する文脈でも，紐帯の弱さ・強さは意味を持たないのであろうか。以下，本書のケースを踏まえて考察する。

2-4-6　紐帯の弱さ・強さとオープンイノベーションの取引コスト

　オープンイノベーションの定義は，経営者が外部資源をもパートナーとして行うイノベーションであるが，経営者と外部資源は，どのようにして構造的空隙を越えてつながったのであろうか。経営者が外部資源を探し当てた経緯を場合分けすると，第1に，媒介者が仲介しなかった場合，第2に，媒介者が仲介した場合に分けられる。後者の媒介者が仲介した場合については，経営者と媒介者，媒介者と外部資源との関係に，弱い紐帯，強い紐帯の場合分けがおのおの2通りずつあって計4通りあり，合わせると図表2.4.4のように，5通りの場合が存在する。

　本書の事例を，図表2.4.4の場合分けごとに整理すると，図表2.4.5のように表すことができる。

　構想ができあがった後の外部資源の探索に関わる Search cost を，本書の事例でみると，第3章3-2節の昭和真空の事例では，次の3つが挙げられる。

⑴ TAMA-TLO の松永氏が，外部資源に関して公開された情報，特に，大学教員がどのような学会，研究会で活動しているかをインターネットなどで調査し，群馬大学の荘司教授を含む3大学，3名の教員を候補と

図表 2.4.4　経営者が外部資源を探し当てた経緯
（媒介者，紐帯による場合分け）

経営者が外部資源を探し当てた経緯
経営者…弱い紐帯…外部資源
経営者…弱い紐帯…媒介者…弱い紐帯…外部資源
経営者…弱い紐帯…媒介者—強い紐帯—外部資源
経営者—強い紐帯—媒介者…弱い紐帯…外部資源
経営者—強い紐帯—媒介者—強い紐帯—外部資源

出典：著者作成。

して抽出した。

⑵ 昭和真空の社員とともに，3大学，3名の教員と個別に面談し，どのような研究開発を行いたいのか説明し話し合った。

⑶ 3名の候補の中から，昭和真空が荘司教授との共同研究を望んだため，交渉して参加いただくこととした。

⑶で昭和が真空荘司教授との共同研究を望んだ理由は，

①荘司教授がパッケージを切断して不良を解析する基本的な技術を有しており，昭和真空がその技術の利用を望んだ。

②荘司教授が信頼できる人柄であると判断した。

③荘司教授が中小企業との共同研究に慣れていた。

であったという。

3-6節の岩手県のT社の事例では，大手電機メーカーのスマートフォンの研究開発部署はインターネットによる調査でT社の技術を見つけT社に打診し，さらなる面談による調査の結果，2014年11月，筐体を製造する技術として選定した。その後，共同で製品開発し，最終的に採用され，納品に至ったという。

　以上のケースから，オープンイノベーションの構想ができあがった後の外

図表2.4.5　経営者と外部資源が結びついた経緯（弱い紐帯，強い紐帯での場合分け）

経営者と外部資源との紐帯（場合分け）	経営者と外部資源とが結びついた経緯
経営者…弱い紐帯…外部資源	河野ギター　櫻井社長………岡村教授 岩手のT社のM社長……インターネット……大手電機メーカーのスマートフォン開発部署
経営者…弱い紐帯…媒介者…弱い紐帯…外部資源	修電舎　一瀬社長………東京の大学教員………活性酸素によって食品残渣等を減容する技術を有する研究者
経営者…弱い紐帯…媒介者―強い紐帯―外部資源	河野ギター　櫻井社長………岡村教授―――岡村教授の共同研究者
経営者―強い紐帯―媒介者…弱い紐帯…外部資源	昭和真空　高橋社長，高橋技術本部長―――TAMA協会―――TAMA-TLO松永部長………荘司　群馬大学教授
経営者―強い紐帯―媒介者―強い紐帯―外部資源	昭和真空　高橋社長，高橋技術本部長―――TAMA協会―――TAMA-TLO松永部長―――ワッティ㈱ 京浜工業所　内田副社長―――橋本教授―――石島前学長―――TAMA-TLO井深前社長―――TAMA－TLO松永部長 京浜工業所　内田副社長―――橋本教授―――越水准教授，舘野准教授，村尾助教（いずれも当時） エイワ　佐々木社長―――INSメンバーの黒澤氏ら県庁職員―――岩手大学から東北大学に異動した千葉教授 岩手のT社のM社長―――岩手大学N教授，Mo教授，岩手県庁O氏，K氏

出典：各社ヒアリングから著者作成。

部資源の探索に関わる Search cost を細かく 3 つの cost に分けることができる。すなわち,

(1) 世界中のどこに存在するかわからない適切な技術等を探索する cost

(2) 適切な技術等の保持者の候補者が見つかったとして, その人が本当に求める技術等を有しているのかを, 互いに内部情報を出し合いながら調査する cost

(3) 適切な技術等の保持者が信頼できる人物か否かを確認する cost

である。

ある外部資源をオープンイノベーションのパートナーとして信頼するか否かについては, 最終的には経営者のリスクで判断しなければならない[31]。オープンイノベーションは外部のパートナーと組んで中長期にわたり実行するプロジェクトであり, その期間中に機会主義的行動を取られないかなどを事前に完全に確認することはできない。したがって, 経営者は程度の差はあれリスクを取って信頼することになり, プロジェクトの期間中は Monitoring cost を負担することになる。この意味で, 弱い紐帯で結びついた場合には, 経営者は外部資源の情報を入手可能な範囲で集めたうえで「信頼する」という経営判断を行う[32]ということであり, その意味での Search cost, Monitoring cost を負担する必要がある。オープンイノベーションの研究開

---

31) Coleman [1990](久慈訳 [2004])が「助言者(著者注:本書では「媒介者」)については, 信頼する人(A)は, 助言者の判断を信頼して, 助言者が良いと言う人(B)を信頼する。この場合, A は B の遂行能力を直接信じることとなり, タイムラグを経て信頼に値しなかったことが判明した時のリスクは A が負う」(p.281)としている。

32) Coleman [1990](久慈訳 [2004])は, 「第一に, 信頼すると, 信頼しなければ不可能な行為ができるようになる。第二に, 信頼に足る人の場合は信頼を置く方が大きな利益をもたらし, 信頼に値しない人の場合は信頼を置く方が状態を悪くする。第三に, 信頼を置くことは信頼する人側だけの自発的行為である。第4に, 信頼した結果がわかるまでにタイムラグがある」(pp.158-160)と指摘している。

図表 2.4.6　内部資源・外部資源，弱い紐帯・強い紐帯と経営者の取引コスト

内部・外部資源	紐帯	Sesrch cost			Monitoring cost 外部資源がオープンイノベーションのプロジェクト期間中に機会主義的行動を取らないか監視。
		世界中のどこに存在するかわからない適切な技術等を探索。	候補者が本当に求める技術等を有しているのか，互いに内部情報を出し合いながら調査。	候補者が信頼できる人物か確認。	
外部資源	弱い紐帯	多くの弱い紐帯を Sesrch することとなるので cost は大きい。	相手を深く知らないので Sesrch cost は大きい。	相手を深く知らないので Sesrch cost は大きい。	相手を深く知らないので Monitoring cost は大きい。
外部資源	強い紐帯	身近な情報源なので Sesrch cost は小さい。必要な情報が得られる確率が小さい。	日頃の関係から相手をよく知っているので Sesrch cost は小さい。	日頃の関係から相手をよく知っているので Sesrch cost は小さい。	日頃の関係から相手をよく知っているので Monitoring cost は小さい。
内部資源	弱い紐帯	（該当なし）	（該当なし）	（該当なし）	（該当なし）
内部資源	強い紐帯	Sesrch cost はない。必要な情報が得られる確率は小さい。	Sesrch cost はない。	Sesrch cost はない。	Monitoring cost はない。

出典：各社ヒアリングから著者作成。

発プロジェクトのメンバーが内部・外部資源か，弱い紐帯，強い紐帯のいずれで結ばれているかの場合分けごとに Search cost，Monitoring cost を考察すると図表 2.4.6 のように表すことができる。

　経営者と外部資源とが結びつく図表 2.4.4 の 5 通りについて，経営者の取引コストを図表 2.4.6 の Search cost，Monitoring cost に分けて考察すると，図表 2.4.7 のように表すことができる。

　図表 2.4.7 を 5 つの場合分けごとに見てみよう。

図表2.4.7　経営者と外部資源とが結びついた事例ごとの経営者の取引コスト

	経営者と外部資源との紐帯（場合分け）	Sesrch cost	Monitoring cost
経営者と外部資源が弱い紐帯でつながる事例	経営者…弱い紐帯…外部資源	・外部資源を探索するため，多くの弱い紐帯を Sesrch することとなるので cost は大きい。 ・候補者が本当に求める技術等を有しているのか，相手を深く知らないので Sesrch cost は大きい。 ・候補者が信頼できる人物か，相手を深く知らないので Sesrch cost は大きい。	外部資源を深く知らないので Monitoring cost は大きい。
経営者と外部資源が媒介者を介して，弱い紐帯を含んでつながる事例	経営者…弱い紐帯…媒介者…弱い紐帯…外部資源	・媒介者の知見，人的ネットワークを利用するので，自分だけで Search するよりも Sesrch cost は小さくなる。 ・候補者が本当に求める外部資源を有しているのか，相手を深く知らないので Sesrch cost は大きい。 ・候補者が信頼できる人物か，相手を深く知らないので Sesrch cost は大きい。	外部資源を深く知らないので Monitoring cost は大きい。
	経営者…弱い紐帯…媒介者―強い紐帯…外部資源	同上	同上
	経営者―強い紐帯―媒介者…弱い紐帯…外部資源	同上	同上
経営者と外部資源が媒介者を介して，強い紐帯のみでつながる事例	経営者―強い紐帯―媒介者―強い紐帯―外部資源	・媒介者の知見，人的ネットワークを利用するので，自分だけで Search するよりも Sesrch cost は小さくなる。 ・候補者が本当に求める技術等を有しているのか，信頼関係の連鎖でつながっているので，上記より Sesrch cost は小さい。 ・候補者が信頼できる人物かについて，第1に，媒介者が外部資源を信頼しているという事実が，信用情報の1つとして使用できる。第2に，媒介者に外部資を信用している理由などを聞くことができ，その情報を信用情報の1つとして使用できる。第3に，外部資源が所属しているコミュニティの内部における評判や第三者情報などの信用情報を，強い紐帯を通じて得ることできるので，上記より Sesrch cost は小さい。	左記から Monitoring cost は上記より小さい。

出典：各社ヒアリングから著者作成。

(1)「経営者…弱い紐帯…外部資源」という関係で結びついた場合

　①世界中のどこに存在するかわからない適切な技術等を探索するため，多くの弱い紐帯を Sesrch することとなるので cost は大きい[33]。

　②候補者が本当に求める技術等を有しているのか，互いに内部情報を出し合いながら調査するにあたり，相手を深く知らないので Sesrch cost は大きい。

　③候補者が信頼できる人物か確認するにあたり，相手を深く知らないので Sesrch cost は大きい。

　④相手を深く知らないので Mmnitoring cost は大きい。

(2)「経営者…弱い紐帯…媒介者…弱い紐帯…外部資源」という関係で結びついた場合

　①世界中のどこに存在するかわからない適切な技術等を探索する際に，一部について媒介者の知見，人的ネットワークを利用するので，自分だけで Search するよりも Sesrch cost は小さくなる。

　②候補者が本当に求める技術等を有しているのか，互いに内部情報を出し合いながら調査するにあたり，相手を深く知らないので Sesrch cost は大きい。

　③候補者が信頼できる人物か確認するにあたり，相手を深く知らないので Sesrch cost は大きい。

　④相手を深く知らないので Monitoring cost は大きい。

(3)「経営者…弱い紐帯…媒介者—強い紐帯—外部資源」という関係で結び

---

33)　この cost を低減させる機能として，インターネットの役割が大きいとの指摘がある。本書の事例では，3-2 節の昭和真空において，TAMA-TLO の松永氏が，インターネットなどで調査し，群馬大学の荘司教授を含む 3 大学，3 名の教員を候補として抽出したケース。3-6 節で，大手電機メーカーのスマートフォンの研究開発部署がインターネットによる技術調査によって有用な技術であると判断し，T 社に問い合わせをしたケースが存在する。

ついた場合も，媒介者および媒介者と強い紐帯で結びついている人たち
を信用するための取引コストは上記と同様である。

(4)「経営者―強い紐帯―媒介者…弱い紐帯…外部資源」という関係で結び
ついた場合は，経営者にとって媒介者は，日頃の関係から相手をよく
知っているので Sesrch cost，Monitoring cost は小さい。しかし，その
媒介者と弱い紐帯でつながった外部資源を信用するための取引コストは
上記と同様である。

(5)「経営者―強い紐帯―媒介者―強い紐帯―外部資源」という関係で結び
ついた場合は，経営者にとって媒介者は，日頃の関係から相手をよく
知っているので Sesrch cost，Monitoring cost は小さい。媒介者にとっ
て外部資源は，日頃の関係から相手をよく知っているので Sesrch cost，
Monitoring cost は小さい。経営者の外部資源に関わる Search cost，
Monitoring cost について考察すると，以下の３つが挙げられる。

①媒介者が外部資源を信頼しているという事実が信用情報の１つとして
使用できる。

②媒介者に外部資源を信用している理由などを聞くことができ，その内
部情報を含んだ情報を信用情報の１つとして使用できる。

③外部資源が所属しているコミュニティの内部における評判や第三者情
報などの信用情報，たとえば，過去に機会主義的行動をとったことが
ある人物か否かなどの情報を，経営者が強い紐帯を通じて得ることで
きる場合が多い[34]ことから，経営者にとって，媒介者と強い紐帯でつ
ながった外部資源に関する Sesrch cost，Monitoring cost はそうでな
い場合と比べて小さいと言える[35]。

以上から，図表2.4.7の左欄の「経営者と外部資源が弱い紐帯でつながる

---

34) たとえば，INS，TAMA 協会といった長期間継続している人的ネットワークでは，
過去に機会主義的行動をとるなどした人物の行動は組織の中で記憶されていて，メン
バーであれば他のメンバーから容易に聴き出すことができる。

ケース」よりも「経営者と外部資源が媒介者を介して，弱い紐帯を含んでつながるケース」は Sesrch cost が小さく，「経営者と外部資源が媒介者を介して，強い紐帯のみでつながるケース」は前の 2 ケースよりも Sesrch cost，Monitoring cost が小さくなると考えることができる。

　Burt［1992］（安田訳［2006]）は「情報利益を生み出すのは構造的空隙の橋渡しであって，紐帯は，強かろうが弱かろうが，構造的空隙にかかるブリッジである限り，情報利益を生み出す」(p.23)，「構造的空隙の議論では，ブリッジの強さはいわば余談である」(p.24) としているが，オープンイノベーションに必要な外部資源を Search，Monitoring する文脈では，紐帯の強さ・弱さは意味を持ち，強い紐帯は Sesrch cost と Monitoring cost を小さくすると考えることができる[36]。

---

35)　図表 2.4.5 の中で，強い紐帯のみを経由して外部資源に結びついているケースは，小さい Search cost と Monitoring cost で結びついたケースとして注目される。本書のケーススタディの中では，昭和真空と TAMA-TLO 松永部長のケース，京浜工業所と産技大 橋本教授のケース，エイワと INS のケース，岩手県の T 社の M 社長と INS のケースである。

　これらはいずれも，TAMA 協会，産技大，INS といった支援組織，人的ネットワーク，媒介者が関連しているケースである。個々に見ていくと，昭和真空の高橋社長は TAMA 協会の初期からのメンバーであり，TAMA 協会関連の人的ネットワークを有していた。京浜工業所の内田副社長は産技大のものづくり専門講座」に通い，その担当である橋本教授と深い親交をもった。エイワの佐々木社長，岩手県の T 社の M 社長は INS のメンバーである大学教員との共同研究，県庁職員の支援によるファンドの獲得などの支援を受けていた。これらのケースを見ると，経営者と強い紐帯で結ばれた媒介者は，支援組織の役職員のうち産学官連携に強いコミットをした者か，人的ネットワーク，媒介者に所属して産学官連携に強いコミットをした者であることがわかる。

2-4-7　オープンイノベーションに必要な外部資源の探索過程を考察する枠組み

　以上の先行研究調査および考察を踏まえて，本書でオープンイノベーションに必要な外部資源の探索過程を考察する枠組みを提示したい。この枠組みは，以下の先行研究を踏まえている。すなわち，Coleman［1990］の「相互信頼関係からなるコミュニティでは，各人は他者もまた貢献するものと信頼して共通利益の活動に貢献する」という議論，Granovetter［1985］の「弱い紐帯が，自分のまだ持っていない就業情報にもっと接近できるという構造的な傾向がある」という議論，Burt［1992］の「情報利益を生み出すのは構造的空隙の橋渡しである」という議論，Chesbrough［2003］が提示したオープンイノベーションの全体構造を理解するための枠組み，および，Chesbrough［2008］（長尾訳［2008］）の「同じパートナーだけと結びついていると外部の情報に対して閉じられ，イノベーションは窒息する」「（オープンイノベーション・パラダイムの従来理論との比較における新しさは）イノベーション市場での仲介者の役割を重視することである。（中略）仲介者は今やイノベーション自体の中で直接的な役割を果たすようになってきている」（p.28）といった指摘を踏まえている。加えて，経営者がオープンイノベーションを行おうとすることで発生する取引コスト，すなわち，4つのPhase における Search cost と Monitoring cost を考慮している。

36）　Burt［1992］の議論が，オープンイノベーションに必要な外部資源を Search，Monitoring する文脈で誤りとなる理由は，Burt は構造的空隙の橋渡しで情報利益を生み出す利益（rent）の面だけを議論しており，橋渡しに必要な費用（cost）の議論を行っていないためと考えられる。Burt［1992］（安田［2006］）における費用の議論は「二次的コンタクト（関係の末端にいる人）ではなく，一時的コンタクト（人々のクラスターにアクセスする窓口）を保持することに資源を集中させること」（pp. 15-16）によって人付き合い全般に関わる費用を低減できるといった議論にとどまっている。

　以上を踏まえて，オープンイノベーションに必要な外部資源を探索して結びつく過程と，それに付随する取引コストを考察する枠組みを図表2.4.8のように提示する。この枠組みは，Burt［1992］に代表されるネットワーク論に加えて，オープンイノベーションに必要な外部資源を探索して結びつくための取引コストも併せて考慮している。

　オープンイノベーションに関わるプレイヤーを分類すると，第1に，経営者および経営者を支えて社内で研究開発に取り組む役職員など（以下「経営者等」），第2に，オープンイノベーションに必要で，かつ，社内にない技術，ノウハウなどを保持する外部の企業，技術者，大学の工学系教員などの外部資源，第3に，経営者等と外部資源を媒介する情報の媒介者が存在する。オープンイノベーションの定義から，経営者等と外部資源の存在は必須である。経営者が外部資源と結びつく際に，媒介者の支援を経ることがある。

　図表2.4.8は，図表2.4.2に追加して，CとA^2，A^3との間に弱い紐帯，強い紐帯を想定しており，自分とB^2の間に強い紐帯を想定している。また，外部資源A^4，B^3を想定している。

　自分（経営者等）が，外部資源A^4と結びつくには，自分と弱い紐帯で結ばれたAを媒介者とする，または，自分と強い紐帯で結びついた媒介者Cから，Cと弱い紐帯で結びついたA^2を媒介者とする，もしくは，Cと強い紐帯で結びついたA^3を媒介者とするという大きく3つのルートの紐帯の連鎖が想定される。自分（経営者等）が，外部資源B^3と結びつくには，自分と弱い紐帯で結ばれたBを媒介者とする，または，自分と強い紐帯で結びついた媒介者B^2を媒介者とするという大きく2つのルートの紐帯の連鎖が想定される。経営者等のsearchは手探り，試行錯誤的に行われると考えられ，どのルートで必要な外部資源に到達できるかはわからない。到達できた場合に，経営者と外部資源を結びつけるルート，すなわち，紐帯または紐帯の連鎖が確定する。それらの紐帯の強さ・弱さで取引コストは異なってく

図表 2.4.8　オープンイノベーションに必要な外部資源の探索過程を考察する枠組み

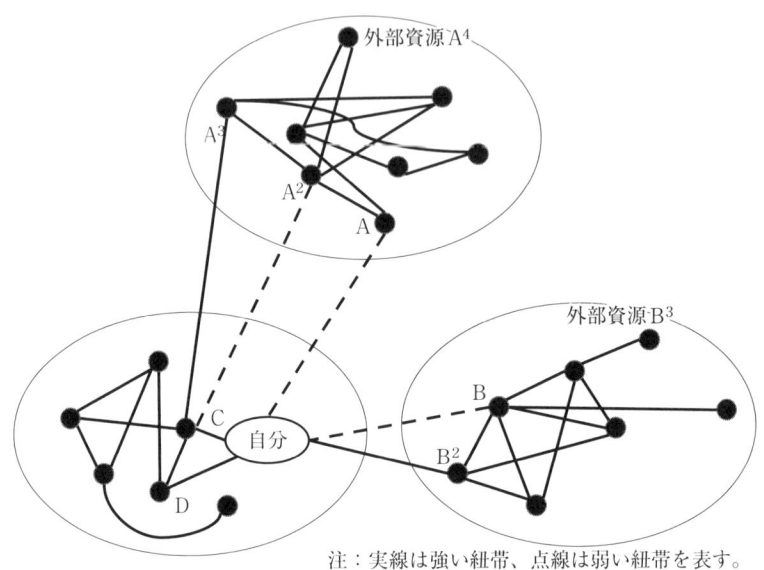

注：実線は強い紐帯、点線は弱い紐帯を表す。

出典：各社ヒアリングから著者作成。

る。

　Burt［1992］（安田訳［2006］）の議論は，ある個人が，できるだけ多くの重複しないクラスターからパフォーマンス良く幅広い情報を集めるために，どのように行動することが合理的かという議論であった。その文脈では，「重複しない紐帯数の最大化」（p.14），「人々のクラスターの末端にいる人ではなく，人々のクラスターにアクセスする窓口を保持すること」（pp. 15-16）が重要で，「紐帯は強かろうが弱かろうが構造的空隙を架橋すれば情報利益を生み出す」（p.23）という主張であった。すなわち，Burt［1992］（安田訳［2006］）の人的ネットワークは，自分以外の人々は，自分が必要とするときに，必要な情報をもたらしてくれるかもしれない候補者であって，

いざというときに役立つための人的ネットワークを，費用対効果を考えて合理的に作っておくという考え方である。

　しかし，オープンイノベーションに必要な外部資源を経営者等が探索するという文脈では，Burt［1992］の議論とは人的ネットワークの意味が異なる。オープンイノベーションの文脈では，ビジネスモデルを決めれば必要な経営資源は決まり，その経営資源が社内になければ社外に求めることとなる。必要な経営資源，たとえば特定の技術を，世の中にあるかどうかすらわからずに経営者等は search することになるかもしれないが，必要な外部資源の技術的スペックはビジネスモデルによって明確に定義されている。したがって，そのような特定の技術を「人々のクラスターの末端にいる人」が保有しているか，あるいは，その人と共同開発すれば創り出せそうであれば，その人と紐帯を結ぶ必要が生じる。そして，ビジネスモデルを実行できれば利益を生むことができる。オープンイノベーションの文脈では，ビジネスモデルの実現に貢献する情報や技術が経営者等に使われることで利益を生む[37]のであり，一概に「構造的空隙を架橋すれば情報利益を生み出す」とは言えない。

　また，経営者等から外部資源に至る紐帯が強ければ取引コストは低く，弱ければ取引コストは高くなる。多くの場合，経営者と外部資源の間は，複数の紐帯の連鎖で結ばれることとなるが，その1つ1つの紐帯の強さや弱さは経営者等の取引コストに影響する。

　本書のオープンイノベーションを考察する枠組みでは，経営者等が外部資源を探索し，交渉し，パートナーとし，オープンイノベーションの4つの

---

37)　Chesbrough［2008］（長尾訳［2008］）「アイデアやテクノロジーの価値は，そのビジネスモデルに依存する。テクノロジー自体に固有の価値はない。テクノロジーの価値は，それを活用するビジネスモデルによって決定される」（p.14），「重要なことは，テクノロジー単独では何の価値もうまないということである。テクノロジーは商品化されてはじめて価値を生む」（p.76）。

phase を経てビジネスモデルを実現し，収益を得るなどの成果を挙げるという文脈を対象とする。この枠組みを使って，6つのオープンイノベーションの事例について，第1に，経営者等がどのように探索し，既存の紐帯を利用し，あるいは，新たに紐帯を作るなどして外部資源に到達したのか。第2に，経営者等が利用した，あるいは新たに作った紐帯は強い紐帯であったか，弱い紐帯であったか。その強さ弱さは，経営者等の取引コストにどのような影響を与えたか等に着目して，個々の事例を分析することとする。

第3章で詳述する事例では，第1に，経営者本人が外部資源を Search した事例として，株式会社修電舎の事例がある。岩手県の T 社の事例は，大企業の研究開発部門が，外部資源である T 社を Search した事例であり，このカテゴリーに分類される。第2に，弱い紐帯の媒介者によって外部資源と結びついた事例として，有限会社河野ギター製作所の事例（偶然知り合った大学教員の仲介で経営者と複数の研究者が結びついた）がある。第3に，強い紐帯の媒介者によって外部資源と結びついた事例として，株式会社昭和真空，株式会社京浜工業所，株式会社エイワの事例がある。

このように，本書のケーススタディによって，経営者と外部資源との構造的空隙を埋めるパターンとして，第1に，経営者本人による場合，第2に，弱い紐帯の媒介者による場合，第3に，強い紐帯の媒介者による場合という3つがあり，経営者と外部資源との構造的空隙を埋めるための取引コストは，第1，第2，第3のパターンの順に小さくなると考えることができることを発見した。

第3章では，ケーススタディによって得られたオープンイノベーションの参加者の関係を図表2.4.8の枠組みを使って確認し，考察していく。

第3章
ケーススタディ

　本章では，本書の目的に関して考察するために6社のケーススタディを行い，調査結果を記述している。3-1節では，ケーススタディの目的，調査方法，調査結果の整理方法を述べる。おのおののケーススタディの調査結果を相互に比較して考察するため，先行研究レビューを踏まえて留意すべき事項を統一して記述することとした。3-2節から3-7節までは，中堅・中小企業の産学官連携によるオープンイノベーションについてケーススタディを行った調査結果を取りまとめた。3-8節では，おのおののケーススタディから得られた注目される事実を小括した。

3-1　ケーススタディの目的，調査方法

　本書のケーススタディの目的は，第1章で示した本書の目的，すなわち，第1に，2000年代以降取り組まれてきた中堅・中小企業の産学官連携によるオープンイノベーションの現状はどうか，課題は何か。第2に，中堅・中小企業の産学官連携によるオープンイノベーションを多く起こそうとする政策立案者や支援組織等の当事者の意図は実現されたのか。イノベーション支援組織がその期待される役割を果たすために必要な条件は何かについて考察することである。調査方法は，標準化された質問と自由面接の組み合わせによる半構造化面接調査に拠った。おのおのの事例について相互比較ができる

ように，先行研究レビューを踏まえて留意すべき事項を統一して整理するとともに，おのおのの事例から注目される事実を抽出した。

3-1-1　ケーススタディの目的，調査方法

本書では，本書の目的について考察するため，複数のケーススタディを実施した。

本書のケーススタディの調査方法は，標準化された質問と自由面接の組み合わせによる半構造化面接調査に拠った。

標準化された質問は，①会社の基本情報（商号，代表者，事業内容，資本金，従業員数，売上，製品，技術，社歴，創業者，経営者の背景など）。②2000 年以降，または現経営者になってからイノベーション（起業，経営革新）を行ったか。③イノベーションを行った場合は，それぞれのイノベーションの内容，販売に至っている場合は年商規模，それぞれのイノベーションを行うために社外の誰を頼ったか，社内外のイノベーションに寄与した者は誰か等とした。ただし，イノベーションの成果がいまだ市場で販売に至っていない，保持すべき秘密に該当する場合などがあり，すべての質問に回答が得られたわけではない。

自由面接は，企業の経歴，経営者の生い立ち，内面などを自由に語ってもらった。また，寄与した中に支援組織の所属者がいた場合は，所属支援組織および本人へのインタビューを追加した。

自由面接において，互いの比較を容易にするために，聴き取った内容を，①企業概要，②研究開発の概要，③イノベーションに関わった人々と受けた支援，におのおの整理して記述した。

3-1-2　ケーススタディを行うにあたっての共通の視座

各社へのケーススタディは，以下の4つの共通な視座をもって実施した。

⑴ オープンイノベーションの4つのPhaseに留意した。そうすることにより，異なる事例を比較・考察する際に，同じPhaseごとに比較・考察することができ，インタビューの際に必要な事項を聞き漏らしたり，記述する際に書き漏らしたりすることを防ぐことができた。聞き漏らしに関しては，4つのPhaseを意識しないで行った過去のインタビューでは，長時間にわたりさまざまなことを聞いたにもかかわらず，あるPhaseについて十分な質問をしていなかったことがあった。そのような場合には，本書執筆に際して再インタビューを行った。

⑵ 前章2-4-6項で議論した弱い紐帯，強い紐帯の違いによる経営者の取引コストの違いに留意した。

⑶ 中堅・中小企業経営者のオープンイノベーションに関わる取引コストに対して，支援組織，人的ネットワーク，媒介者が取引コスト軽減に資する貢献があったかに留意した。これらの貢献の有無は，図表3.1.1のように8通りの場合がありうる。

⑷ ケーススタディの調査結果の整理方法については，調査結果を相互に

図表3.1.1　イノベーション支援組織等の貢献の場合分け

イノベーション支援機関の支援	あり	あり	あり	あり	なし	なし	なし	なし
産学官の人的ネットワークの支援	あり	あり	なし	なし	あり	あり	なし	なし
媒介者の支援	あり	なし	あり	なし	あり	なし	あり	なし

出典：著者作成。

比較して考察できるよう，先行研究レビューを踏まえて留意すべき事項を統一して整理することとし，以下の項目立てで整理した。

1　企業概要
2　研究開発の概要
　　研究開発の概要を記述し，以下について表で整理した。
　　・構想ができあがる前，構想ができあがった後の主なプレイヤーを，経営者，媒介者，外部資源に分けて整理した。
　　・オープンイノベーションに関わる Phase ごとの経営者の取引コスト
　　　・構想ができあがる前の Research と経営者の取引コスト
　　　・構想ができあがった後の Research と経営者の取引コスト
　　　・Development（プロジェクトチームによる研究開発）と経営者の取引コスト
　　　・Market（販売と市場）と経営者の取引コスト
　　・内部資源によるビジネスモデル構想，研究開発と社外から取り入れた技術等を整理し，オープンイノベーションは社内研究開発などの内部資源がしっかりしていないとうまくいかないとの Chesbrough の指摘[1]を検証した。
3　オープンイノベーションに関わった人々と受けた支援
　3-1　オープンイノベーションに関わる Phase ごとの支援
　　　　オープンイノベーションに関わる Phase ごとの支援，および，支援組織，人的ネットワーク，媒介者の貢献の有無を表で整理した。
　　　　必要に応じて支援者へのインタビュー結果を記載した。

---

1)　Chesbrough［2003］（大前訳［2004］）p.199。

3-2　オープンイノベーションに関わる人的ネットワーク

第2章2-4-7「オープンイノベーションとネットワークを考察する枠組み」で提示した枠組みで，オープンイノベーションに関わった人々の関係を整理した。

また，オープンイノベーションに着手する前の経営者等の人的ネットワークと，着手して以降に形成された人的ネットワーク整理し，比較した。

4　事例から注目される事実

事例から注目される事実を事例ごとに抽出した。それらを3-8節でまとめて整理した。

3-2節から3-7節では，6社のケーススタディの結果を記述している。ケーススタディ対象企業の概要は，図表3.1.2のとおりである。本書が採り上げた事例で，対象企業が国等から受けた助成金等は，図表3.1.3のとおりである。

図表3.1.2　ケーススタディ対象企業の概要

社名	所在地	年商	従業員	主要事業
昭和真空	神奈川県	約100億円	173人	真空機器等の製造
京浜工業所	東京都	約14億円	127人	高精度砥石の製造
河野ギター製作所	埼玉県	約1.3億円	11人	ギターの製造
エイワ	岩手県	約10億円	50人	繊維強化プラスチック成形加工等
岩手県のT社	岩手県	―	91名	メッキ，機能性薄膜処理など
修電舎	宮崎県	約17億円	86人	電気設備の製造など

出典：各社ヒアリングから著者作成。内容はヒアリング当時の情報。

社名	助成金等	備考
昭和真空	サポイン事業	助成金等は産学官連携が要件
京浜工業所	サポイン事業	助成金等は産学官連携が要件
河野ギター製作所	なし	産学連携であり，官は関与していない
エイワ	地域イノベーションクラスタープログラム事業	助成金等は産学官連携が要件
岩手県のT社	なし（過去の技術開発に対してはあり）	産産連携であり，学官は関与していない（過去の技術開発は産学官連携）
修電舎	なし	産産連携であり，学官は関与していない（学が産産をつなぐ媒介者となった）

出典：各社ヒアリングから著者作成。

3-2　株式会社昭和真空[2]

　本節では，株式会社昭和真空が 2013 年 4 月から 2016 年 3 月まで実施した「極小化に対応した水晶振動子真空移載・加熱封止装置の研究開発」[3]についてケーススタディを行った。

---

2) http://www.showashinku.co.jp（2016 年 9 月 25 日取得）。

3) 関東経済産業局，タマティーエルオー［2016］「極小化に対応した水晶振動子真空移載・加熱封止装置の研究開発」http://www.chusho.meti.go.jp/keiei/sapoin/portal/seika/2013/160902kantou18.pdf（2017 年 2 月 12 日取得）。

3-2-1　企業概要

　2016 年 10 月，昭和真空 高橋理取締役執行役員技術本部本部長（以下，「高橋本部長」）および白井修技術開発部技術開発 1 課課長（以下「白井課長」）にインタビューを行った。昭和真空の企業概要は，図表 3.2.1 のとおりである。

　1953 年，前身である小俣真空機器研究所を創業し，1955 年，油回転真空ポンプの製造を開始した。1958 年，昭和眞空機械株式会社を設立し，本社・工場を川崎市中原区宮内に置いた。1986 年，小俣邦正社長が就任し，2005 年，相模原工場内に本社を移転した。創業以来，技術，開発に関して多数の受賞を受けるなど研究開発型企業である。

　2016 年現在で 59 期目，初代が 30 年前に亡くなって小俣邦正社長が 2 代目に承継して 30 年経過したという。工作機械メーカーなので売上げに波はあるが，高収益で投資を積極的に行っている。技術の系譜としては，創業者が旧徳田製作所（現在は，芝浦エレテックが製品等を承継）から独立した。なお，真空関係の工作機械メーカーのほとんどは徳田製作所の流れである。

図表 3.2.1　昭和真空の企業概要

商号	株式会社　昭和真空
本社・事業所	神奈川県相模原市
代表者	小俣邦正 社長
事業内容	水晶デバイス用，光学薄膜用，電子デバイス用の真空関連装置ならびに真空機器等の製造
資本金	22 億円
従業員数	173 人
売上（年商）	約 100 億円

出典：昭和真空ホームページ，ヒアリングから著者作成。

真空ポンプの製作，オーバーホールから始めた。その後成膜，蒸着技術に展開し，水晶振動子の周波数調整製造装置が1975年当時のトランシーバーブームに当たって業績が伸びた。伸びた要因は，周波数を1素子ずつ検査して公差内に収めていくことがうまくいったからである。制御，計測，メカトロ，プラズマ，ネットワークアナライザなどの技術要素を使う必要があり競争力があった。競争相手は米国に数社あったが，現在は同社1社だけという。

　アルバック傘下に入ったことにより[4]，電子部品，光分野に技術，製品が広がった。アルバックのグループ企業ではあるが連結企業ではないという。

3-2-2　研究開発の概要

　昭和真空は，2013年4月から2016年3月まで「極小化に対応した水晶振動子真空移載・加熱封止装置の研究開発」を，関東経済産業局のサポイン事業として実施した。

　水晶振動子は極めて良好な周波数安定度を持つが，それぞれの水晶振動子の周波数を求める周波数に合わせるためには，

　①周波数偏差を小さくする

　②水晶振動子の周波数を測定しながら電極膜厚を変化させる

ことによって周波数を調整するなどの技術要素が必要である。2013年当時の電子機器は，高機能化，複合化，小型化・薄型化が課題であり，水晶振動子も同様であった。

　市場では1990年頃から，水晶振動子をセラミックのパッケージに入れ，小型化することが求められ，そのパッケージの大きさは7.0 × 5.0mmで

---

4)　1981年日本真空技術株式会社（現株式会社アルバック）より資本参加を受ける。現在，アルバックは昭和真空の株式の21.59%を保有。（アルバック，昭和真空ホームページより）

あった。それが 2013 年には 2.0 × 1.6mm が主流となり，さらに，1.6 × 1.2mm，1.2 × 1.0mm といった小さなサイズも市場に出始めていた。日本水晶デバイス工業会[5] の 2011 年の見通しでは，スマートフォン，タブレットパソコンなどに牽引され，市場の拡大が見込まれていた。本書執筆時（2017 年）では，水晶振動子は，パソコン，携帯電話，デジタルカメラなどデジタル家電，自動車，基幹通信系などの産業インフラ，その他の電子機器に搭載されている。

　昭和真空では，本研究開発に先行して，2010～12 年度に「水晶振動子極小化に対応した周波数調整技術の研究開発」を関東経済産業局のサポイン事業として実施し，水晶振動子の小型化に対応した周波数調整装置を開発していた。水晶振動子のセラミックのパッケージを溶接で閉じて封止する必要があるが，水晶振動子が小型化されるほど溶接による加熱の副作用が大きくなった。また，当時の封止工程が個別処理であるため，製造時間が長くかかった。さらに，真空中で周波数調整をした後，いったん大気に曝してから封止用機械に移し，再び真空にしてから封止工程を行っていたため，大気に曝した際に，パッケージ内部の水晶振動子等が酸素と結合して酸化したり，スズなどの不要な物質を吸着したり，ほこりが混入したりすることによって周波数がばらつき，封止不良が発生して歩留まりが悪化していた。

　以上のような課題に対応するため，本研究開発の目的は，真空加熱封止装置等を開発することであった。具体的には，周波数調整から封止工程までの製造プロセスを，大気に曝すことなく一貫して真空中で処理し，酸化，吸着，ほこりの影響を抑え，また，個別処理ではなく多数一括処理とすることにより生産性を向上させることを目的とした。

　サポイン事業の研究体制は，昭和真空の高橋本部長，石上達士技術開発部部長（以下「石上部長」），白井課長（当時），ヒーター・センサーなどの

---

5)　日本水晶デバイス工業会［2011］「調査研究レポート No.80」。

メーカーであるワッティー株式会社技術研究所（以下「ワッティー」），荘司郁夫 群馬大学理工学研究院知能機械創製部門マテリアルシステム理工学分野教授（以下「荘司教授」）[6] ほかのプロジェクトチームのメンバーであった。サポイン事業としては，関東経済産業局から TAMA-TLO が研究全体に関わる委託を受け，TAMA-TLO が昭和真空，ワッティーおよび群馬大学に再委託し，高橋本部長が総括研究代表者，荘司教授が副総括研究代表者という体制であった。TAMA-TLO の松永氏によれば，大学の選定，研究内容をどこに設定するかなど，昭和真空と相談しながら提案内容をまとめたとのことである。

　松永氏は，事前の面識がなかった大学教員について，研究実績等を調査することにより適切な指導を受けられるであろう候補者を複数人選び出し，面談・交渉してオープンイノベーションのプロジェクトチームに招聘している。具体的には [7] 以下の手順で行ったという。

⑴ 公開された情報，特に，どのような学会，研究会で活動しているかをインターネットなどで調査し，群馬大学の荘司教授を含む 3 大学，3 名の教員を候補として抽出した。

⑵ 昭和真空の社員とともに，3 大学，3 名の教員と個別に面談し，どのような研究開発を行いたいのかを説明し，話し合った。

⑶ 3 名の候補の中から，昭和真空が荘司教授との共同研究を望んだため，交渉して参加いただくこととした。選定理由は，荘司教授がパッケージを切断して不良を解析する基本的な技術を有しており，昭和真空がその技術の利用を望んだこと。荘司教授が信頼できる人柄であると判断したこと。荘司教授が中小企業との共同研究に慣れていたことがあった。

という。

6)　群馬大学ホームページ　http://www.me.gunma-u.ac.jp/zai2/shohji/custom1.html（2017 年 2 月 12 日取得）。
7)　2017 年 8 月 4 日，松永氏にインタビューを行った。

図表 3.2.2　加熱機構

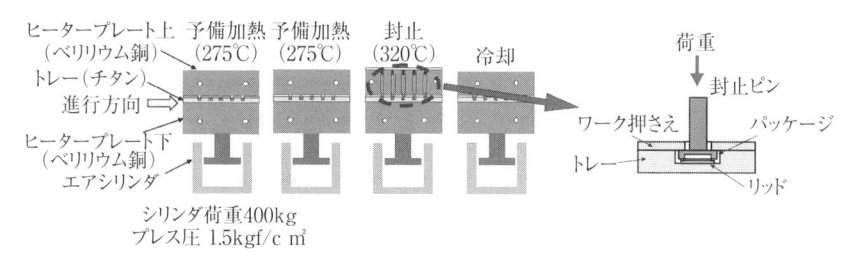

シリンダ荷重400kg
プレス圧 1.5kgf/c㎡

出典：関東経済産業局，タマティーエルオー［2016］p.11。

図表 3.2.3 真空移載装置の装置構成

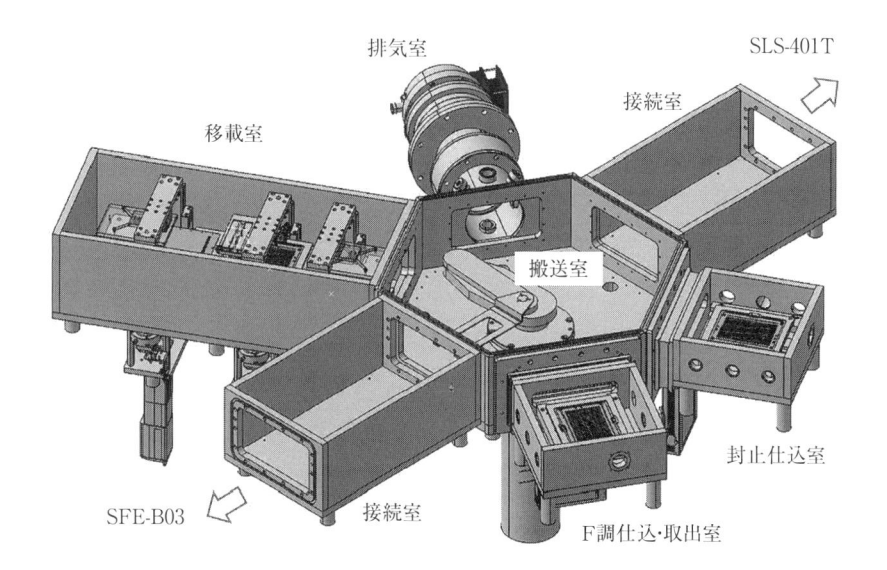

出典：関東経済産業局，タマティーエルオー［2016］p.18。

　研究内容は，第1に，水晶振動子のセラミックパッケージの接合部を真空中で短時間に均一に加熱し，水晶振動子の性能に影響を与えないように封止する技術（図表 3.2.2），第2に，真空中での部品を搬送する技術（図表

3.2.3)，第3に，第1および第2の研究開発を踏まえて，水晶振動子の周波数調整工程から水晶振動子のセラミックパッケージの接合部の封止工程までを真空中で連続して行う装置の開発であった。

高橋本部長によれば，2013〜15年度のサポイン事業の前に，2010〜12年度のサポイン事業で水晶振動子の周波数調整装置を開発，製品化し，累計150台，50億円売れるなど販売も好調であった。2013〜15年度の開発は，2010〜12年度に開発した製造装置の後工程の改善を目指したものである。従来は，真空工程の後，大気中で水晶振動子素子を前工程機械のトレーから後工程機械用のトレーにひとつひとつ移し替え，再び，後工程の機械中で真空にし，熱と圧力を加えて封止剤を溶かして封止する方式であった。前工程で周波数の調整を100万分の1レベルまで行って達成されていても，後工程への移し替えで大気に曝らされることにより，10〜20倍ばらついてしまったという。

2013〜15年度に開発した製造装置では，前工程と後工程の間のトレーの移し替えを真空中で静電気を使って行うことにより，以前の機械に比べて後工程でのばらつきを半分程度まで抑制することができたという。

昭和真空のオープンイノベーションに関わる構想ができあがる前と後の主

図表3.2.4　構想ができあがる前，構想ができあがった後の主なプレイヤー

「構想ができがる前」のプレイヤー	経営者等	小俣社長，高橋本部長，石上部長，白井課長（当時）ほか
	媒介者	なし
	外部資源	なし
「構想ができあがった後」のプレイヤー	経営者等	小俣社長，高橋本部長，石上部長，白井課長（当時）ほか
	媒介者	TAMA協会関係者，松永氏
	外部資源	荘司教授，ワッティー

出典：昭和真空ヒアリングから著者作成。

図表 3.2.5　昭和真空のオープンイノベーションに関わる Phase ごとの
　　　　　　経営者の取引コスト

phase	経営者の取引コスト	
	Search cost	Monitoring cost
「構想ができあがる前」の Research（アイデア，技術シーズ探索，研究）	前工程と後工程の間を大気に曝すことなく一貫して真空中で生産できれば，品質向上，歩留まり向上が図れるという社内からのアイデアのため，Search cost は小さい。	社外経営資源を使っていないため，なし。
「構想ができあがった後」の Research（アイデア，技術シーズ探索，研究）	微細な部品の一部を加熱して封止する技術に係る情報探索，この分野における研究開発パートナーの Search cost。	社外資源の Monitoring cost は，TAMA-TLO が紹介することで小さくなっている。
Development（プロジェクトチームによる研究開発）	研究開発遂行に必要な情報の Search cost。サポイン事業など外部資金獲得に係る情報 Search cost。	社外資源の Monitoring cost は，TAMA-TLO が紹介することで小さくなっている。
Market（販売と市場）	市場調査などの Search cost。	社外経営資源を使っていないため，なし。

出典：昭和真空ヒアリングから著者作成。

なプレイヤーは図表 3.2.4 のとおりである。高橋本部長によれば，小俣社長が TAMA 協会の設立初期から関わっていて，TAMA 協会関係者を介して TAMA-TLO を高橋本部長ら社内の開発部門に紹介したという。

　昭和真空のオープンイノベーションに関わる Phase ごとの経営者の取引コストを Search cost と Monitoring cost に分けて整理すると，図表 3.2.5 のように表すことができる。

　図表 3.2.5 の内容を 4 つの phase ごとに以下に詳述する。

⑴　構想ができあがる前の Research の Phase における経営者の取引コストについては，昭和真空は，2012 年度までの水晶振動子の周波数調整装置の開発と同装置の評価によって，前工程と後工程の間を大気に曝す

ことなく一貫して真空中で生産できれば，品質向上，歩留まり向上が図れるというアイデアを有していた。この意味で，イノベーションの構想は社内で作られており，構想ができあがる前の Research cost は小さかったと言える。

(2) 構想ができあがった後の Research の Phase については，昭和真空には以下の3つの知見があった。

①水晶振動子の生産技術，真空ポンプ，真空内での生産技術に関わる知見

②真空中での部品を搬送する技術に関して，真空内での生産技術に関わる知見

③水晶振動子の周波数調整工程から水晶振動子のセラミックパッケージの接合部の封止工程までを真空中で連続して行う装置の開発は関連機器を統合するものであり，そのため水晶振動子の生産技術，真空ポンプ，真空内での生産技術，生産システム設計に関わる知見

しかし，昭和真空では微細な部品の一部を加熱して封止することに関わる技術知識は弱かったという。このため，昭和真空の経営者，技術責任者は，以下の cost を負っていた。

①微細な部品の一部を加熱して封止することに関わる技術知識や，この分野における研究開発パートナーを探索する Search cost

②パートナーを信用できるか，共同研究開発に着手した後に機会主義的な行動を取られないかを確認する Monitoring cost

他方，ワッティーには，工作機械用のヒーターに関しての知見があった。水晶振動子のセラミックパッケージの接合部を真空中で短時間に均一に加熱・溶接し，水晶振動子の性能に影響を与えないように封止する技術に関して知見である。

荘司教授は，微細な溶接・接合の評価・分析での研究業績と知見があった。

　昭和真空の経営者，技術責任者の取引コストをみると，まず，プロジェクトの成功を見通し，開始するために必要なすべての Search cost を負っていた。また，ワッティー，荘司教授のような知見を有するプロジェクトチームのメンバーを探索し，信用できるか否か確認する Monitoring cost も負っていたと言える。

(3) Development（プロジェクトチームによる研究開発）の Phase は，以下のように実施された。

　①社内の技術については，白井課長によれば，技術開発部のスタッフで，機械設計，ソフトウェア，プロセス開発の得意な人を集めてひとつのシステムを作った。社員 185 人中，社内の技術開発部は 55 人いるが，その中の設計を含む 25 人が開発に関わった。

　②社外の技術については，TAMA-TLO 松永氏に紹介を受けた。白井課長によると封止装置に使うヒーターに関して，高速昇温技術を持つワッティーは，同じ相模原市内に事業所を有する会社であったがそれまで交流がなく，松永氏から紹介を受けたという。

　また，微細な接合を研究している荘司教授は，松永氏が探してくれたという[8]。荘司教授には微細な接合の評価，分析を指導いただいた。昭和真空は本業に関わる技術に関しては研究者を知っており，特に首都大学東京とは人的ネットワークがあるが，接合の技術は昭和真空にはなく関連の研究者に関わる知見もなかった。松永氏，TAMA-TLO はネットワークを持っていて，こういう開発をしたい，こういう技術が必要というと，多様な研究者の候補の中から探し出してきてくれて，紹介してくれたという。

　以上のように，昭和真空の経営者，技術責任者は，社内外から必要な

---

8)　具体的にどのように探したかについては，「3-2-2　研究開発の概要」の松永氏へのインタビュー結果を参照のこと。

人材を集めて研究開発のプロジェクトチームを組成し，成果を出すように
マネジメントする取引コストを負っていた。そのうち，社外の必要な
人材を探索するコストの一部を松永氏，TAMA-TLO が支援したと言
える。

(4) Market（販売と市場）の Phase における経営者のコストについては，
日本水晶デバイス工業会[9] の 2011 年の見通しでは，スマートフォン，
タブレットパソコンなどに牽引され，市場の拡大が見込まれていた。本
書執筆時（2018 年）現在，水晶振動子は極めて良好な周波数安定度を
持つことから，パソコン，携帯電話，デジタルカメラなどデジタル家
電，自動車，基幹通信系などの産業インフラその他の電子機器に搭載さ
れている。

　高橋本部長によれば，2010〜12 年度のサポイン事業で開発した水晶
振動子の周波数調整装置は累計 150 台，50 億円売れるなど販売も好調
であった。本研究開発で開発した装置は，それらの後工程の装置であ
り，需要が想定されている。

　この意味で，本研究開発の市場は昭和真空が見込んだとおり存在して
いる。また，昭和真空は，水晶振動子の製造装置の販売に関して，長年
の蓄積を有している。

　Market（販売と市場）に関わるコストは，昭和真空の経営者が全面
的に負ったと考えられる。

以上から，昭和真空が 2013〜15 年度に行った研究開発について，内部資
源によるものと外部資源によるものを以下に整理する。

(1) 内部資源によるもの

　①ビジネスモデル，研究開発の構想

　②構想にしたがった研究開発で，外部資源を活用した部分以外

---

9)　日本水晶デバイス工業会［2011］「調査研究レポート No.80」。

③市場での販売
(2) 外部資源によるもの
　①微細な部品の一部を加熱して封止する技術
　②微細な溶接，接合の評価分析
　③助成金（サポイン事業）の申請，管理業務の一部

　このように，昭和真空のこのオープンイノベーションは，基本的には昭和真空のアイデア，技術，販売力で実行されており，内部資源がしっかりしていないとオープンイノベーションはうまくいかないとの Chesbrough [2003] の指摘を例証していると考える。

3-2-3　オープンイノベーションに関わった人々と受けた支援

オープンイノベーションに関わる Phase ごとの支援

　昭和真空のオープンイノベーションに関わる Phase ごとの支援は，図表3.2.6のように表すことができる。昭和真空のオープンイノベーションに関わった支援組織は TAMA-TLO である。関わった人的ネットワークは，TAMA 協会の人的ネットワークと TAMA-TLO の松永氏の人的ネットワークであり，媒介者は松永氏である。したがって，この事例は，支援組織，人的ネットワーク，媒介者の貢献があった事例と言える。オープンイノベーションに関わる Phase ごとの支援組織，人的ネットワーク，媒介者の貢献の有無は，図表3.2.7のように表すことができる。

　以下に図表3.2.6を詳述する。

(1) 構想ができあがる前の Research（アイデア，技術シーズ探索，研究）の Phase においては，社内で行われており，昭和真空の経営者が全面的に負ったと考えられる。

(2) 構想ができあがった後の Research（アイデア，技術シーズ探索，研究）の Phase においては，TAMA 協会の人的ネットワークと結びつい

図表 3.2.6　昭和真空のオープンイノベーションに関わる Phase ごとの支援

phase	経営者の取引コスト	
	Search cost	Monitoring cost
「構想ができあがる前」の Search（アイデア，技術シーズ探索，研究）	支援なし	支援なし
「構想ができあがった後」の Research（アイデア，技術シーズ探索，研究）	小俣社長が TAMA 協会関係者から松永氏を紹介される。松永氏が，荘司教授，ワッティーを紹介。	荘司教授は，事前に面談したことや中小企業との共同研究の実績があることから Monitoring cost は小さい。ワッティーは，TAMA-TLO，TAMA 協会が媒介することで Monitoring cost 小さい。
Development（プロジェクトチームによる研究開発）	小俣社長が TAMA 協会関係者から松永氏を紹介される。松永氏が，荘司教授，ワッティーを紹介。松永氏が，サポイン事業など外部資金獲得に係る Search を支援。	荘司教授は，事前に面談したことや中小企業との共同研究の実績があることから Monitoring cost は小さい。ワッティーは，TAMA-TLO，TAMA 協会が媒介することで Monitoring cost 小さい。
Market（販売と市場）	支援なし	支援なし

出典：昭和真空ヒアリングから著者作成。

た媒介者である TAMA-TLO の松永氏が，ワッティー，荘司教授とい**う外部資源の Search cost，Monitoring cost の低減に貢献している。

(3) Development（プロジェクトチームによる研究開発）の Phase においても，上記と同様である。

(4) Market（販売と市場）の Phase に関わるコストは，昭和真空の経営者が全面的に負ったと考えられる。

図表 3.2.7　昭和真空のオープンイノベーションに関わる Phase ごとの支援組織，
　　　　　　人的ネットワーク，媒介者の貢献

Phase	経営者の取引コスト	
	Search cost	Monitoring cost
「構想ができあがる前」の Research（アイデア，技術シーズ探索，研究）	支援組織貢献なし 人的ネットワーク貢献なし 媒介者貢献なし	支援組織貢献なし 人的ネットワーク貢献なし 媒介者貢献なし
「構想ができあがった後」の Research（アイデア，技術シーズ探索，研究）	支援組織貢献あり 人的ネットワーク貢献あり 媒介者貢献あり	支援組織貢献あり 人的ネットワーク貢献あり 媒介者貢献あり
Development（プロジェクトチームによる研究開発）	支援組織貢献あり 人的ネットワーク貢献あり 媒介者貢献あり	支援組織貢献あり 人的ネットワーク貢献あり 媒介者貢献あり
Market（販売と市場）	支援組織貢献なし 人的ネットワーク貢献なし 媒介者貢献なし	支援組織貢献なし 人的ネットワーク貢献なし 媒介者貢献なし

出典：昭和真空ヒアリングから著者作成。

支援者への追加インタビュー　―TAMA-TLO の松永氏―

　2016 年 8 月，松永氏にインタビューを行った。松永氏は，2008 年から TAMA-TLO 研究成果移転事業部長を務めている。前職の横河電機で，流量計の開発に 20 年携わった後，流量計のマーケティング，営業，全社の品質評価を歴任し，定年退職後，TAMA-TLO に着任した。

　TAMA-TLO の主要業務は，第 1 に委託を受けた大学の特許管理，第 2 に委託を受けた大学の技術移転，第 3 に産学連携，サポイン事業やものづくり・商業・サービス新展開支援補助金の申請支援などである。このうち，松永氏は，第 1 に，サポイン事業の申請支援，第 2 に，担当する大学の特許管理，技術移転を業務としている。サポイン事業の申請は，申請前の 3 カ月程

度の繁忙期には，業務の60〜100％を占める負担の大きな業務であるため，1年度に2件が最大限という。

本件への松永氏の貢献には，第1に，昭和真空が求めていた社外技術を有し，かつ，近隣に事業所を持つワッティーを紹介したことがある。ワッティーは，水晶振動子のセラミックパッケージの接合部の封止工程の加熱機構で貢献をしている。

第2に，松永氏は，荘司教授を研究業績等から調査し，研究開発への参加を呼びかけ，プロジェクトチームのメンバーに招聘した。荘司教授は，微細な接合に関して学術的な助言するなどの貢献をしている。

松永氏がこのような貢献をすることができた背景には，第1に，前職での経験から培われたプロジェクトチームによるイノベーションに関して研究，開発，販売など入口から出口まで見通して対応する力と的確な研究者を探索する調査力。第2に，TAMA-TLO に 2008 年から在籍し本書執筆時にもその職にあるという長期にわたるイノベーション支援へのコミットと，そのコミットと人柄によって培われた人的ネットワークがあったと考えられる。

松永氏自身がモチベーション高く活動している動機については次の3点が挙げられるという。第1に，金銭面に関して，定年後に職があり収入があることはありがたい。大学の TLO 業務を受託したり，サポイン事業を獲得したりすれば TAMA-TLO の収入になり，自らの収入が安定する。少人数なので，TAMA-TLO の収支と自らの収入が直結することが動機づけになるという。

第2に，仕事内容への興味と達成感があるという。中小企業の技術内容を自分なりに理解して，その業界，周辺業界の技術水準から一段飛び出るにはどう開発したらよいか，どのような可能性がある技術であると申請書などで表現するのか，研究開発をサポートする大学の先生はどなたが最適かなどを検討することが楽しいと感じる。毎回，新しい技術分野の勉強ができる。しかも，現役の技術者と議論ができ，企業の技術者の持っているスキルの周辺や

大学の先生の研究との関連性など，専門家が考えない領域で役立つことがある。この点が企業の方に評価されることがあり，達成感があるという。

　第3に，ひとつひとつのプロジェクトは，長くて半年から短い場合3カ月くらいの短期の仕事であり，企業の現役時に比べて労働条件が楽であること。企業の研究開発プロジェクトを数年にわたり実施，マネジメントすることを考えれば，TAMA-TLO の仕事はそれほどきついとは思わない。短期的に忙しいときは大変だが，ふだんは趣味的に仕事をさせていただいているので，苦しいと思ったことはない。企業の現役を離れ，企業の厳しい予算から解放されている身分がコンサルタントとして役立ち，評価されることにつながっていると考える。ただし，うまくいかないで悩み始めるとたいへんな思いをすることもあるという。

　松永氏によるとこの業務は，メーカーの技術部門，マーケティング部門で長く勤めていた経歴を持ち，幅広く勉強することに抵抗のない技術者にとって，定年後の仕事として向いている。このような仕事の仕方を許してくれるTAMA-TLO という支援組織が世の中にあることも重要だと考えるという。

オープンイノベーションに関わる人的ネットワーク

　このオープンイノベーションのプロジェクトチーム組成にあたっては，小俣社長，高橋本部長ほかの問題意識，人的ネットワークが起点となり，TAMA 協会関係者，TAMA-TLO・松永氏を介して前述のようにつながった。また，大学の教員のマクロ信頼機能，インターネットによる公表された論文，学会活動，研究会活動などの検索によって探索の入口の Search cost が低減され，その後の直接の面談による信頼関係構築により，荘司教授とも弱い紐帯でつながった。これらのプロジェクトチームに関わった人々の関係を，小俣社長，高橋本部長ほかを起点として図表3.2.8 のように表現できる。同図の「（参考）オープンイノベーションに着手する前の人的ネットワーク」と比較すると，人的ネットワークを使いながらオープンイノベー

図表 3.2.8　昭和真空の小俣社長を起点とするオープンイノベーションに
　　　　　　関わる人的ネットワーク

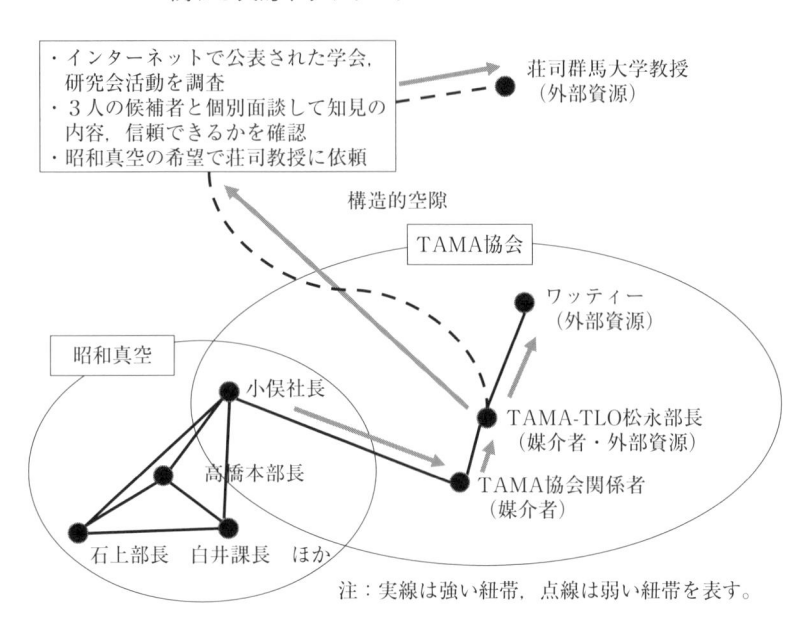

注：実線は強い紐帯，点線は弱い紐帯を表す。

出典：昭和真空ヒアリングから著者作成。

（参考）オープンイノベーションに着手する前の人的ネットワーク

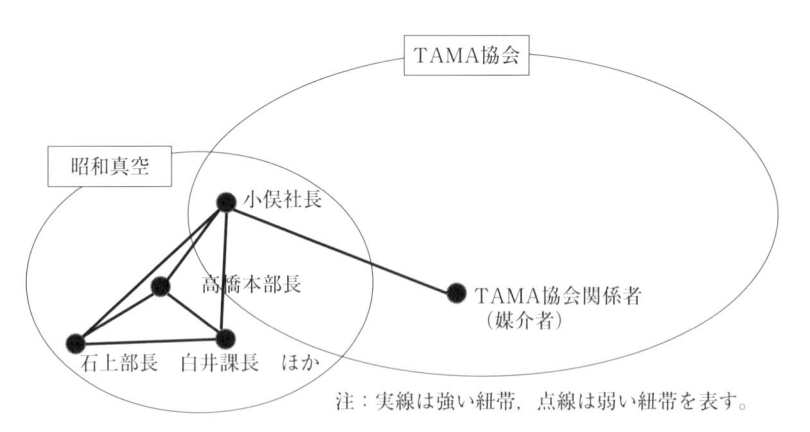

注：実線は強い紐帯，点線は弱い紐帯を表す。

出典：昭和真空ヒアリングから著者作成。

ションに必要な外部資源を探し求めた過程を見ることができる。

3-2-4　事例から注目される事実

この事例から注目される事実には次の 4 つが挙げられる。

⑴ 小俣社長が TAMA 協会の初期から関わり TAMA 協会の人的ネットワークにつながっていて，TAMA-TLO ともつながり，オープンイノベーションのプロジェクトチーム組成に貢献している。

⑵ オープンイノベーションに関わる経営者の取引コスト軽減への支援機関，人的ネットワーク，媒介者の貢献についてみると，4 つの Phase における Search cost，Monitoring cost という経営者の取引コストのすべてを支援しているのではなく，特定の Phase の特定の経営者の取引コストについて，その全部ではなく一部を支援していることがわかる。オープンイノベーションは基本的に経営者がコストを払って行うものであり，支援組織，人的ネットワーク，媒介者の貢献は，範囲も深さも経営者が負担するコスト全体の一部に対するものであることがわかる。

⑶ TAMA-TLO の松永氏は，本節および 3-3 節で登場するが，ここで松永氏に関して事例から注目される事実を整理する。

　①松永氏の優れた情報探索力である。昭和真空は研究開発型企業であるため，本業の関連技術，関連研究者などの高度な知見を有していたが，松永氏は，昭和真空の本業以外の関連技術，関連研究者に関わる情報探索に貢献している。たとえば，昭和真空から「TAMA-TLO はネットワークを持っていて，こういう技術が必要というと，多様な研究者や企業の候補の中から探し出してきてくれる」「ワッティーは，同じ相模原市内に事業所を有する会社であったが昭和真空それまで交流がなく，松永氏から紹介を受けた」「松永氏は，荘司教授を研究業績等から調査し，研究開発への参加を呼びかけ，プロジェクトチーム

のメンバーに招聘した」といった評価を受けている。荘司教授とつながる経過としては，松永氏が，公開された情報，特に，どのような学会，研究会で活動しているかをインターネットなどで調査し，群馬大学の荘司教授を含む3大学，3名の教員を候補として抽出した。そのうえで，昭和真空の開発者とともに3名の大学教員と個別面談し，昭和真空が望む荘司教授との信頼関係の構築に貢献した。TAMA-TLO，松永氏，TAMA協会といった人的ネットワークの存在は，Monitoring cost の低減にも貢献したと考えられる。

②松永氏がこのような貢献をすることができたバックグラウンド，必要な能力を見ると，第1に，前職の横河電機での経験から培われたプロジェクトチームによるイノベーションに関して研究，開発，販売など入口から出口まで見通して対応する力，的確な研究者を探索する調査力。第2に，TAMA-TLO に 2008 年から在籍し本書執筆時にもその職にあるという長期にわたるイノベーション支援へのコミットと，そのコミットと人柄によって培われた人的ネットワークの力がある。

③松永氏がこのような貢献をする動機を見ると，定年後も収入があること，仕事に興味が持て，企業に役立ち評価されたときの達成感，大手メーカーの現役の技術者の業務よりも負担が軽いことから，定年後の仕事に向いていると考えていること。このような仕事の仕方を許してくれる TAMA-TLO という支援組織が世の中にあることも重要だと考えていることがある。

⑷ 大学の教員のマクロ信頼機能，公表された論文，学会活動等が，探索の入口の Search cost を低減させる効果である。外部資源を Search する際に，大学教員は，公表された論文，学会活動等によって検索されることがある。オープンイノベーションに必要な外部資源は，営業秘密によって隠された企業のノウハウ等である場合もあるが，特許，工業技術関係の学会，論文，大学教員などのデータベースなど公開された情報も

使いうる。この事例では，荘司教授が必要な外部資源であると学会活動，研究会活動などから推定され，オープンイノベーションへの参画を要請し，承諾され，成功裏に研究開発を行うことができた事例であると言える。ただし，最終的には，昭和真空が個別面談のうえで，技術的知見，信頼できる人柄かなどを確認して決めており，昭和真空の経営者がSearch cost，Monitoring cost を負っていると言える。

3-3　株式会社京浜工業所[10]

本節では，株式会社京浜工業所が 2011 年 4 月から 2014 年 3 月まで実施した「任意曲線刃先形状の極微細総型ダイヤモンドバイト製造技術の開発」[11] についてケーススタディを行った。

3-3-1　企業概要

2016 年 10 月，京浜工業所 内田亨取締役副社長にインタビューを行った。京浜工業所の企業概要は，図表 3.3.1 のとおりである。

京浜工業所の創業者（先代，現社長内田由美子氏の父）は，1936 年，軸付砥石の製造で創業し，戦前は中島飛行機，軍関係の砥石を製造し納入した。1937 年から研削砥石，1944 年からダイヤモンド工具の製造を行ってき

---

10)　京浜工業所ホームページ　http://www.keihin-kogyo.co.jp（2016 年 9 月 21 日取得）。

11)　関東経済産業局・TAMA-TLO［2014］『平成 25 年度戦略的基盤技術高度化支援事業「任意曲線刃先形状の極微細総型ダイヤモンドバイト製造技術の開発」研究開発成果等報告書』　http://www.chusho.meti.go.jp/keiei/sapoin/portal/seika/2011/23131313150.pdf（2016 年 9 月 21 日取得）。

図表 3.3.1　京浜工業所の企業概要

商号	株式会社京浜工業所
代表者	内田由美子 社長
本社・事業所	東京都品川区。事業所は静岡，山形ほか
事業内容	研削，切削を行う企業のニーズに応え，砥石，ダイヤモンド工具の製造を。主要製品は，切削工具，ダイヤモンド砥石，研削砥石一般，金型用砥石，軸付砥石。主要技術は，高精度砥石の製造技術。
資本金	5,000 万円
従業員数	127 人
売上（年商）	約 14 億円

出典：京浜工業所ホームページ，ヒアリングから著者作成。

ている。戦後は，自動車製造業向け砥石に民生転換し，日産自動車に納入した。1946 年，研削砥石研究所を設立。1955 年，業界初の JIS 表示許可工場となるなど，技術開発，品質保証の向上に取り組んできた。創業以来，研究，技術開発に熱心であった。また，日産自動車以外の自動車メーカーや，セラミック，電気，建機関連企業にも納入するなど新規納入先を開拓してきた。2003 年以降は，産学官連携による砥石，ダイヤモンド工具に関わる技術開発に取り組んできている（図表 3.3.2）。同社の研究開発の中心を担う内田副社長（現社長の夫）は，60 歳を超えてから「今のままでは既存の売上げは行き詰まる」と危機意識を持ち，産学連携で新製品を開発しようと考えたという[12]。

　また，2010 年頃から，タイ，インドネシア，韓国，中国の日系企業に対して，JETRO の支援を受けて輸出を開始したという。

---

12)　京浜工業所ホームページ　http://www.keihin-kogyo.co.jp/company/history.html（2017 年 1 月 16 日取得）。

図表 3.3.2　京浜工業所の産学官連携による砥石，ダイヤモンド工具に関わる技術開発[12]

2003 年	・「希土類のカッティングのための超硬極薄ダイヤモンドカッターの開発」事業が，東京都中小企業振興公社の平成 15 年度東京都地域産業集積活性化研究開発費等補助事業として認定。
2009 年	・高精度加工用 SD ホーニング砥石を開発し，市場展開。 ・「光ファイバ（石英ガラス）切断用ダイヤモンド切断刃の開発」事業が，経済産業省の平成 21 年度ものづくり中小企業製品開発等支援補助事業として認定。
2010 年	・「高能率研削用ダイヤモンドホイールの開発」事業が品川区工業活性化支援事業として認定。
2011 年	・「任意曲線刃先形状の極微細総型ダイヤモンドバイト製造技術の開発」事業が経済産業省 関東経済産業局の平成 23 年度戦略的基盤技術高度化支援事業（サポイン）として認定。
2012 年	・「超精密ダイヤモンドバイトの開発」事業が品川区工業活性化支援事業として認定。
2013 年	・「有効範囲増大型超精密ダイヤモンドバイトの開発」事業が品川区工業活性化支援事業として認定。 ・「ベアリング用超仕上げ砥石の開発と生産効率化」事業が経済産業省の平成 24 年度ものづくり中小企業・小規模事業者試作開発等支援補助事業として認定。
2014 年	・「新素材に対応したレジンメタル複合砥石の開発」事業が経済産業省の平成 25 年度中小企業・小規模事業者ものづくり・商業・サービス革新事業として認定。 ・「ワイヤー放電加工機及び最先端ソフトウェア導入による新製品開発と生産効率化」事業が山形県の平成 26 年度山形県中小企業トータルサポート補助（設備投資等促進）事業として認定。
2015 年	・「研削砥石の高強度タイプ結合剤の開発と低温焼成による生産コスト低減」事業（最新の全自動焼成炉を導入し実施）が経済産業省の平成 26 年度中小企業・小規模事業者ものづくり・商業・サービス革新事業として認定。
2016 年	・研削能率 3 倍（切込み 3 倍可）の超ウルトラポーラス砥石を市場展開。
2017 年	・「ローフリクションソフトメタルダイヤモンド砥石の開発」事業が，経済産業省の平成 28 年度革新的ものづくり・商業・サービス開発支援事業として認定。

出典：京浜工業所ホームページから著者作成。

図表 3.3.3　京浜工業所のダイヤモンド工具製品

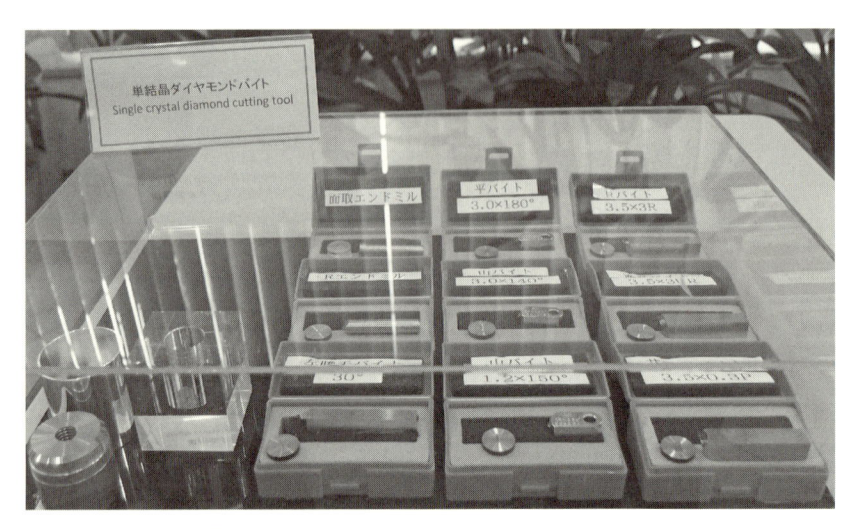

出典：2016 年 10 月，著者撮影。

3-3-2　研究開発の概要

　2011 年 4 月から 2014 年 3 月まで実施した「任意曲線刃先形状の極微細総
型[13] ダイヤモンドバイト製造技術の開発」を，関東経済産業局の平成 23 年
度サポイン事業として実施した。研究体制は，関東経済産業局から
TAMA-TLO が研究全体に関わる委託を受け，TAMA-TLO が京浜工業所
および公立大学法人首都東京・産業技術大学院大学（以下「産技大」）に再
委託し，内田副社長が総括研究代表者，産技大 橋本洋志教授が副総括研究
代表者という体制であった。

---

13)　総型バイト formed turning tool とは，刃形の輪郭を工作物の形状の一部に写し与え
　　て加工するバイトの総称（出典：JIS B0107-1991　バイト用語 Single point tools-Vo-
　　cabulary　1501 総型バイト）。

　当時，超精密加工に使用するダイヤモンド工具の製造が，光学系・電磁波部品など向けに需要が増加していた。しかし，当時のダイヤモンド工具の製造は熟練者の技能に拠っていたため製造に時間がかかり，また，熟練者も任意曲線の刃先形状は製造することができなかった。この研究開発の成果として，第1に，技能を科学的に分析して非熟練者でもダイヤモンド工具を製造できるようにした。第2に，レーザー加工で粗加工する技術の確立，および，電子制御された超精密ダイヤモンド研磨機の開発により，機械で任意の曲線の刃先を必要な公差の範囲内で製造することに成功し，製品を顕微鏡で品質評価する技術も確立したという。

　研究開発のターゲットとしたのは，シートレンズ[14]を量産するための金型であった。シートレンズは任意曲線であり，公差は50ナノメートルまでに収める必要があった。そのころ，他の製品の公差は1.2マイクロメートル（1200ナノメートル）だったという。当時の同社は単純な円弧は製造可能だったが任意曲線のバイトをどうやって作るのかの知見はなかった。そのためX軸，Y軸を公差100ナノメートル，Z軸を公差10ナノメートルで作ろうと目標を定めた。サポイン事業で開発した技術は次の4要素であった。

(1) 天然ダイヤモンドを加工して砥石を作る場合，結晶には方向や筋があって，同じ力で研磨しても柔らかい方向は削りすぎになり，堅い方向は削れない。単純に機械を使って同じ力で研磨すると正確なバイトができない。このため，天然ダイヤモンドの結晶方向や筋を見極めて加工しやすい材料として切り出す工程の作業が重要となる。この工程を非熟練者でもできるようティーチングシステムを開発した。開発方法は，越水准教授（当時）を中心とする大学側が，京浜工業所社内の熟練者である池戸氏，田中氏[15]からヒアリングし，それを大学が保有していた方法を

---

14) フレネル-レンズ【Fresnel lens】集光レンズの一種で，厚さを減らすため，いくつかの輪帯レンズによって構成されたもの（出典：デジタル大辞泉，小学館，2017年1月16日取得）。

使った動画によるティーチングシステムとして開発した。

(2) 前工程で切り出した天然ダイヤモンドの塊を，レーザー加工により，製品よりも 0.01 ミリメートル大きな中間品に粗加工する機械化工程を開発した。この工程は，社内の内田大介氏と岩田氏で行った。

(3) 粗加工した中間品を任意曲線の設計どおりに研磨機で研磨し，画像で精度を確認する機械システムを，内田大介氏と機械メーカーの共同で開発した。

(4) 製品が設計の公差内に収まっているか検証する検査装置を，橋本教授の助言により，内田大介氏と機械メーカーの共同で開発した。

このようにして，「任意曲線刃先形状の極微細総型ダイヤモンドバイト製造技術の開発」は実施され，成果を収めることができたという。

京浜工業所のオープンイノベーションに関わる構想ができあがる前と後の主なプレイヤーは図表 3.3.4 のとおりである。

京浜工業所のオープンイノベーションに関わる Phase ごとの経営者の取引コストを Search cost と Monitoring cost に分けて整理すると，図表 3.3.5 のように表すことができる。

以下に図表 3.3.5 の内容を詳述する。

(1) 構想ができあがる前の Research の Phase における経営者の取引コストについては，内田副社長によれば，産技大との縁は，本社の近くに産技大学の夜間の大学院があり，橋本教授らが地域を支援する担当だったという。内田副社長は，都立高専の経営塾の塾長をしたり，中小企業同友会の産学交流委員をし，その縁で，2008 年，同大学の「ものづくり専門講座」に通った。その講座担当が橋本教授であったため親交を深めることができた。そして橋本教授からナノレベルの微細加工をやってみないかと勧められたという。京浜工業所における研究開発の動機，方向

---

15) 関東経済産業局・TAMA-TLO［2014］報告書，p.4。

図表3.3.4　構想ができあがる前，構想ができあがった後の主なプレイヤー

「構想ができあがる前」のプレイヤー	経営者等	内田副社長
	媒介者	なし
	外部資源	橋本教授
「構想ができあがった後」のプレイヤー	経営者等	内田副社長，内田大介氏，岩田氏ほか
	媒介者	橋本教授
	外部資源	橋本教授，越水准教授，舘野准教授，村尾助教（いずれも当時），産技大知的財産センター

出典：京浜工業所ヒアリングヒアリングから著者作成。

図表3.3.5　京浜工業所のオープンイノベーションに関わるPhaseごとの経営者の取引コスト

phase	経営者の取引コスト	
	Search cost	Monitoring cost
「構想ができあがる前」のResearch（アイデア，技術シーズ探索，研究）	基本的には内田副社長によるものであるが，橋本教授からの刺激，ヒントも受けて作られた。	内田副社長が産技大の「ものづくり専門講座」に通ったことで親しくなっていたのでMonitoring costは小さい。
「構想ができあがった後」のResearch（アイデア，技術シーズ探索，研究）	ティーチングシステムに係る技術，機械化技術，検査装置開発技術などを支援。	共同研究開発に取り組む前から親しくなっておりMonitoring costは小さい。
Development（プロジェクトチームによる研究開発）	サポイン事業など外部資金獲得などを支援。	共同研究開発に取り組む前から親しくなっておりMonitoring costは小さい。
Market（販売と市場）	一部について産技大が支援。	共同研究開発に取り組む前から親しくなっておりMonitoring costは小さい。

出典：京浜工業所ヒアリングから著者作成。

性について考えていた内田副社長は，橋本教授から触発され，重要なヒントを与えられたと考えられる。この意味で，イノベーションの構想は，基本的には内田副社長によるものであるが，社外からの刺激も受けて作られたと言える。

(2) 構想ができあがった後の Research の Phase における経営者の取引コストについては，「任意曲線刃先形状の極微細総型ダイヤモンドバイト製造技術の開発」の出発点となる技術は，天然ダイヤモンドの結晶方向や筋を見極めて加工しやすい材料として切り出す工程に関わる生産技術である。この生産工程を熟練者だけに頼っていては，光学系・電磁波部品などの需要増加には対応できなかった。この生産技術の技術シーズは，京浜工業所，および，産技大が有していたティーチングシステムに関わるものであった。

粗加工する機械化工程は，京浜工業所が技術シーズを有していた。

設計どおりに研磨機で研磨し，画像で精度を確認する機械システム，および，任意曲線の設計どおりに研磨機で切削し，画像で精度を確認する機械システムは，京浜工業所および機械メーカーが技術シーズを有していた。

製品が設計の公差内に収まっているか検証する検査装置は，橋本教授，内田大介氏，機械メーカーが技術シーズを有していた。

京浜工業所の経営者，技術責任者は，プロジェクトの成功を見通し，開始するために必要なすべての Search cost を負っていた。この取引コストの低減に，橋本教授，産技大，機械メーカーが貢献しているが，内田副社長と橋本教授をはじめ産技大，内田副社長と機械メーカーは，おのおの共同研究開発に取り組む前から親しくなっており，メンバーを探索し，信用できるか否か確認する取引コストは追加的にはかからなかったと考えられる。

(3) Development（プロジェクトチームによる研究開発）の Phase におけ

る経営者の取引コストについては，天然ダイヤモンドの結晶方向や筋を見極めて加工しやすい材料として切り出す工程に関わる生産技術に関して，技能を科学的に分析して，非熟練者でもダイヤモンド工具を製造できるようにするティーチングシステムを研究開発した。このオープンイノベーションのプロジェクトチームには，産技大からは，橋本教授，越水准教授，舘野准教授，村尾助教（いずれも当時）[16]，京浜工業所からは，内田副社長をはじめ社内の熟練者，非熟練者が参加した。

　粗加工する機械化工程は，京浜工業所内の技術スタッフである内田大介氏，岩田氏が行った。

　設計どおりに研磨機で研磨し，画像で精度を確認する機械システムは，京浜工業所の技術スタッフである内田大介氏および機械メーカーの技術スタッフが行った。

　製品が設計の公差内に収まっているか検証する検査装置は，橋本教授，京浜工業所の技術スタッフである内田大介氏および機械メーカーの技術スタッフが行った。

　Development（プロジェクトチームによる研究開発）のコストは，全体として京浜工業所が負っていたが，研究開発コストの一部や，サポイン事業というファンドの獲得のための取引コストの一部を，橋本教授をはじめ産技大が支援したと言える。

(4) Market（販売と市場）の Phase における経営者のコストについては，2010 年頃，光や電磁波の高効率なレンズを開発すれば，省エネ化，高輝度化，低歪み化等が図れ，わずかなバックライト用電量で高輝度を保つという省エネ技術が実現でき，携帯電話や有機 EL・LED テレビなどで使用されるとういう市場が有力視されていた[17]。

---

16)　関東経済産業局・TAMA-TLO［2014］p.5。
17)　関東経済産業局・TAMA-TLO［2014］p.1。

産技大の橋本教授，および，知的財産センターは，京浜工業所のユーザー企業を知っており，ユーザー企業のニーズ調査を熱心に手伝ってくれたという。内田副社長によれば，同大学の知的財産センターの人と一緒にユーザー企業を回ると，先方も，京浜工業所が単独で行くよりも信用してくれて，ていねいに応対してくれたという。橋本教授の紹介による大企業を含めたニーズ調査から，シートレンズに微細加工のニーズがあり，任意曲線で最適に設計され，公差50ナノメートルまでで量産されたシートレンズを供給できれば需要が見込まれたという。このシートレンズの量産を実現するには，シートレンズ製作用の精密な金型を作ることが必要となる。その金型を製作するには，任意曲線で微細に加工されたダイヤモンドバイトが必要となる。このようなダイヤモンドバイトを開発できれば，需要が見込まれることが明らかとなったという。

以上のように京浜工業所の経営者，技術責任者は，社内外から必要な人材を集めてオープンイノベーションのプロジェクトチームを組成し，成果を出すようにマネジメントする取引コストを負っていた。そのうち，社外の必要な人材を探索し，マネジメントする取引コストの一部を橋本教授が支援し，ファンドの獲得，利用するための取引コストの一部を TAMA-TLO が支援したと言える。

3-3-3　オープンイノベーションに関わった人々と受けた支援

オープンイノベーションに関わる Phase ごとの支援

　京浜工業所のオープンイノベーションに関わる Phase ごとの支援は，図表3.3.6のように表すことができる。また，京浜工業所のオープンイノベーションに関わる Phase ごとの経営者の取引コストへの支援機関，人的ネットワーク，媒介者の貢献の有無は，図表3.3.7のように表すことができる。この事例では，構想ができあがる前の Research，Development（プロジェ

図表 3.3.6　京浜工業所ののオープンイノベーションに関わる Phase ごとの支援

phase	経営者の取引コスト	
	Search cost	Monitoring cost
「構想ができあがる前」の Research（アイデア，技術シーズ探索，研究）	基本的には内田副社長によるものであるが，橋本教授からの刺激，ヒントも受けて作られた。	内田副社長が産技大の「ものづくり専門講座」に通ったことで親しくなっていたので Monitoring cost は小さい。
「構想ができあがった後」の Research（アイデア，技術シーズ探索，研究）	ティーチングシステムに係る技術，機械化技術，検査装置開発技術などを支援。	共同研究開発に取り組む前から親しくなっており Monitoring cost は小さい。
Development（プロジェクトチームによる研究開発）	サポイン事業など外部資金獲得などを支援。	共同研究開発に取り組む前から親しくなっており Monitoring cost は小さい。
Market（販売と市場）	一部について産技大が支援。	共同研究開発に取り組む前から親しくなっており Monitoring cost は小さい。

出典：京浜工業所ヒアリングから著者作成。

クトチームによる研究開発）のマネジメントコストおよび Market（販売と市場）の Search cost にも貢献していることが，通常の事例における貢献の範囲を超えており注目される。橋本教授の貢献の範囲の広さ，支援する力の幅広さを示していると考えられる。

　以下に図表 3.3.6 を詳述する。

(1) 構想ができあがる前の Research（アイデア，技術シーズ探索，研究）の Phase においては，研究開発の動機，方向性について内田副社長は橋本教授から触発されたとしている。

(2) 構想ができあがった後の Research（アイデア，技術シーズ探索，研究）の Phase においては，橋本教授は，産技大の同僚の研究者や，産技大知的財産センター，TAMA-TLO も紹介しており，プロジェクト

図表 3.3.7　京浜工業所のオープンイノベーションに関わる Phase ごとの支援組織，人的ネットワーク，媒介者の貢献

Phase	経営者の取引コスト	
	Search cost	Monitoring cost
「構想ができあがる前」の Research（アイデア，技術シーズ探索，研究）	支援組織貢献あり 人的ネットワーク貢献なし 媒介者貢献あり	支援組織貢献なし 人的ネットワーク貢献なし 媒介者貢献なし
「構想ができあがった後」の Research（アイデア，技術シーズ探索，研究）	支援組織貢献あり 人的ネットワーク貢献あり 媒介者貢献あり	支援組織貢献あり 人的ネットワーク貢献あり 媒介者貢献あり
Development（プロジェクトチームによる研究開発）	支援組織貢献あり 人的ネットワーク貢献あり 媒介者貢献あり	支援組織貢献あり 人的ネットワーク貢献あり 媒介者貢献あり
Market（販売と市場）	支援組織貢献あり 人的ネットワーク貢献あり 媒介者貢献あり	支援組織貢献あり 人的ネットワーク貢献あり 媒介者貢献あり

出典：京浜工業所ヒアリングから著者作成。

　チームのメンバーの Search cost，Monitoring cost の低減に貢献している。

(3) Development（プロジェクトチームによる研究開発）の Phase も，(2)記と同様である。

(4) Market（販売と市場）の Phase においては，橋本教授が，製品購入候補者となる大手企業をオープンイノベーションのプロジェクトチームに加えることに貢献している。

　橋本教授の貢献内容を整理すると，以下の 4 点が挙げられる。

①「今のままでは既存の売上は行き詰まる」と危機意識を持ち，産学連携で新製品を開発しようと考えていた内田副社長と親しくなり，「ナノレベルの微細加工をやってみないか」と勧めることで内田副社長の

問題意識を，方向性をもって後押しし，イノベーションの構想ができ
あがる前から支援している。

②非熟練者でもダイヤモンドを粗加工できるようにするティーチングシ
ステムの開発のノウハウを提供した。ダイヤモンドを粗加工する前工
程を効率的に行えないと，この研究開発の成果を製造，販売に活かす
ことができないため，大きな貢献と言える。

③京浜工業所のユーザーとなるべき企業のニーズ調査を橋本教授や，知
的財産センターが支援している。この研究開発に踏み切るための京浜
工業所情報の Search cost を低減させたり，京浜工業所だけでは研究
開発の Phase で関係を持てなかったかもしれない大手企業を橋本教
授がつなげたりといった貢献をしている。

④橋本教授が，TAMA-TLO，松永氏を紹介することで，京浜工業所が
助成金を獲得する取引コスト，助成金を適正に利用する取引コストの
低減に貢献したと考えられる。

以上から，京浜工業所が2011〜13年度に行った研究開発について，内部
資源によるものと外部資源によるものを整理する。

(1) 内部資源によるもの

①ビジネスモデル，研究開発の構想

②構想にしたがった研究開発で，外部資源を活用した部分以外のもの

③市場での販売

(2) 外部資源によるもの

①微細加工というビジネスモデル，研究開発の構想へのヒント

②非熟練者へのティーチングシステムの開発

③市場調査

④助成金（サポイン事業）の申請，管理業務の一部

このように，京浜工業所のこのオープンイノベーションに対しては，橋本
教授ほかの貢献が大きいものの，基本的には，京浜工業所のアイデア，技

術，販売力で実行されており，内部資源がしっかりしていないとオープンイノベーションはうまくいかないとの Chesbrough の指摘を例証していると考える。

支援者への追加インタビュー ―産技大の橋本教授―

橋本教授は，この研究開発を行った 2011 年から 2014 年当時は，産技大オープンインスティテュート（OPI：Open Institute）の長を務めていた。同組織は，産業界や地域社会のニーズを先取りして，さまざまな教育訓練プログラムやプロジェクトを企画・実践すると同時に，共同研究等，双方向のコミュニケーションを図る場として，設置した組織であるとしている[18]。

内田副社長によれば，橋本教授が大学内で先述の 4 人のチームを組んでくれて，サポイン事業に申請しようということで，TAMA-TLO に声をかけ，松永氏が最初の担当者ということで知り合ったという。

2017 年 1 月，橋本教授にインタビューを行った。橋本教授は，産学官連携に関わるまでに研究業績を上げていて，科学研究費の審査委員なども歴任してきた[19]。ベンチャー企業を作ったこともあったがうまくいかないことに気づいたそうである。経験を積んで世の中の仕組みも見えてきて，普通の感覚ではなく，別な角度から社会に貢献したいという気持ちがあったという。

そのような中，2008 年，産技大の初代学長（前学長）である石島辰太郎教授（以下「石島前学長」）の奨めで産技大に来てから中小企業支援，産学官連携に初めて取り組み，

① 大学のシーズを中小企業に使ってもらうというアプローチは難しく，中小企業のニーズから産学連携をすることが必要だということ

---

18) 産技大ホームページ　https://dev.e-2.jp/05/sandai/opi/index.html（2017 年 1 月 24 日取得）。

19) 産技大ホームページ，橋本洋志教授の教員紹介　http://aiit.ac.jp/master_program/ide/professor/h_hashimoto.html（2017 年 2 月 12 日取得）。

②中小企業とは，経営者等と信頼関係ができるまではニーズを聴き出すことすらできないので，まずは信頼関係を作ることが必要だということ

③産学連携というと，補助金をもらって共同研究することに目が行きがちだが，その前に，中小企業の経営者等と信頼関係を作り，ニーズを聴くことが重要であること

がわかったという。

公立大学法人首都大学東京は，首都大学東京，産技大，東京都立産業技術高等専門学校を傘下に有する[20]。橋本教授は，公立大学は国立大学よりも直接に行政の要望を受ける立場にあるという。当時の都庁の方針として，大学に対して中小企業支援の要請があった。背景には，品川区，大田区，荒川区などにおいて製造の事業所数が減り，高齢化が進んでいたことや，製造業を放置すると，区部，多摩地区でも減少が進むとの都庁の認識があった。産技大オープンインスティテュートは，産業技術大学院大学ができたときに，石島前学長が，地域貢献，産学協同，社会人育成を掲げて創設し，2009年から2016年3月まで橋本教授が所長を務めたという。

2008年から3年間，産技大オープンインスティテュートでは都庁の予算で「ものづくり人材講座」を開いて，中小企業の困りごとを生で聞いた。会計士，中小企業診断士にも来てもらって中小企業を支援した。東京都の中小企業状況アンケート調査にも参加し，現在も勉強している。中小企業が新しいことをはじめたいときに，技術力，人材，お金が足りない。そのようなニーズを聞いて，橋本教授が適切な補助金を選択し，その獲得に向けて準備した。京浜工業所のサポイン事業申請は，TAMA-TLOの手伝いを得て，申請作業の労力を大幅に軽減できたことは，大学人として助かったとのことである。TAMA-TLOとは，井深 TAMA-TLO 前社長と知己だった石島前

---

20)　公立大学法人首都大学東京ホームページ　http://www.houjin-tmu.ac.jp/about/
messages.html（2017年2月12日取得）。

学長に紹介してもらい。松永氏とは直接の面識はなかったという。

　また，サポイン事業には協力者として，凸版印刷株式会社総合研究所や，日本電信電話株式会社 NTT 環境エネルギー研究所も参加している[21]。これらは橋本教授が販売先候補として探してきた。こういう場合，民・民よりも大学の教員が間に入ったほうが，大企業も参加しやすいことがあるという。

　産技大の知的財産センターは，内田副社長，橋本教授の依頼を受けて，京浜工業所のユーザー企業のニーズと，そのニーズに合った研究開発テーマの設定などの情報探索に貢献した。

　橋本教授は，このプロジェクトが産学官連携による研究開発プロジェクトとして可能性があると判断し，成功に導くための産学官連携のプロジェクトチームの組成と運営を担う組織として TAMA-TLO に依頼することを選択した。

　2016 年 8 月，松永氏にインタビューを行った。松永氏によれば，橋本教授から研究開発の依頼があり，テーマ選択，連携先の企業選択などを TAMA-TLO で検討，企画し，「サポイン事業」の提案を行った。松永氏から見ると，内田副社長と橋本教授には強い信頼関係があったという。TAMA-TLO および松永氏は，サポイン事業に申請するための思考の整理や申請書作成を手伝い，サポイン事業に採択された後は事業管理を TAMA-TLO で担ったとの認識であった。

オープンイノベーションに関わる人的ネットワーク

　このオープンイノベーションのプロジェクトチーム組成にあたっては，内田副社長の問題意識と人的ネットワーク，そして橋本教授の産学官連携へのコミットと人的ネットワークが起点となっている。内田副社長と橋本教授の関係は，2008 年頃から親交を深めて強い紐帯となった。これらの人々の関係は，図表 3.3.8 のように表現できる。

21）　関東経済産業局・TAMA-TLO［2014］p.5。

図表3.3.8　京浜工業所の内田副社長を起点とするオープ
　　　　　ンイノベーションに関わる人的ネットワーク

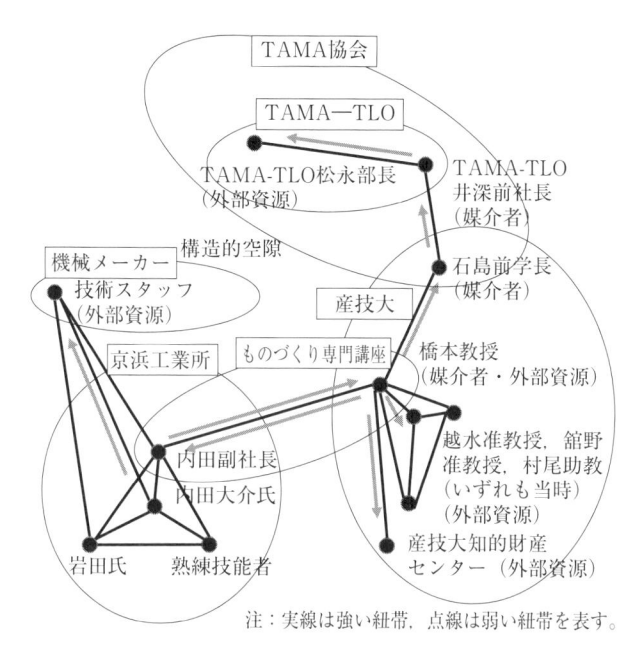

注：実線は強い紐帯，点線は弱い紐帯を表す。

出典：京浜工業所ヒアリングから著者作成。

（参考）オープンイノベーションに着手する前の人的ネットワーク

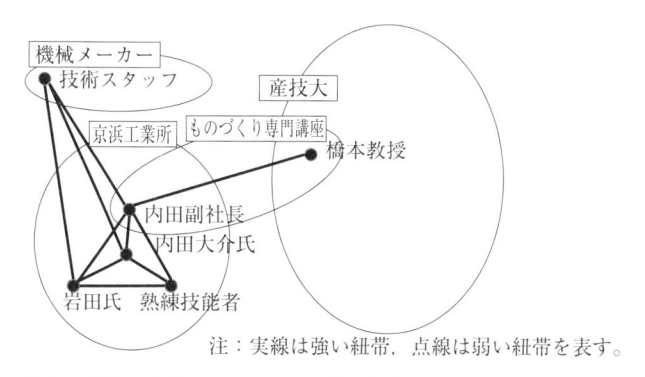

注：実線は強い紐帯，点線は弱い紐帯を表す。

出典：京浜工業所ヒアリングから著者作成。

産技大，TAMA 協会，TAMA-TLO という支援組織，産技大，TAMA 協会の人的ネットワークが存在していたところに，内田副社長が 2008 年以降に橋本教授との信頼関係を構築し，橋本教授を介して人的ネットワークに参画した事例と言える。

　本事例では，橋本教授がプロジェクトチーム組成のハブ機能・媒介者の役割を果たしている。橋本教授が周辺地域の社会人，企業を支援する取り組みを長年にわたって務め，産学官連携にコミットしてきたことにより，このような機能を果たすことができたと考えられる。さらに，橋本教授は，工学の知見により外部資源の役割も果たしている。

　昭和真空の事例で媒介者の役割を果たした松永氏は，この事例ではサポイン事業の運営を支援する外部資源として機能している。同一人物でも異なる役割を果たすことがあることがわかる。

　京浜工業所のオープンイノベーションに関わった支援組織は，橋本教授を中心とする産技大である。それを媒介者である橋本教授，石島前学長の人的ネットワークにより，TAMA-TLO，松永氏がサポイン事業の申請，実施の面で支援した。公立大学法人首都東京と TAMA 協会は，TAMA 協会設立時から密接な関係がある。したがって，この事例は，支援組織，人的ネットワーク，媒介者の貢献があった事例と言え，図表3.3.8のように表すことができる。

3-3-4　事例から注目される事実

　この事例から注目される事実を挙げる。

(1) 内田副社長と橋本教授の間に強い絆が形成されていたために，このプロジェクトが成功裏に行えたことがある。第三者である松永氏から見ても「内田副社長と橋本教授には強い信頼関係があった」という。この強い絆が形成された背景を見ると，内田副社長の社業の先行きへの問題意

識とそのための勉強を厭わない姿勢がある。内田副社長は「『今のままでは既存の売上は行き詰まる』と考えたので産学連携で新製品を開発しようと考えた」「都立高専の経営塾の塾長をしたり，中小企業同友会の産学交流委員をしたりし，2008年，同大学の『ものづくり専門講座』に通った。その担当が橋本教授であったため親交を深めることができた」という。

　また，橋本教授も，2008年から産学官連携支援に長年コミットした結果として到達した支援に関する明確な考え方があった。第1に，大学のシーズ重視でなく，中小企業のニーズ志向，第2に，最初に大学教員と中小企業の経営者等との信頼関係構築が必要であること，第3に，産学官連携の補助金・共同研究に取り組む前に，信頼関係構築，ニーズ把握が重要であるということがわかったという。

⑵ 構想ができあがる前の動機づけとして「内田副社長は，橋本教授からナノレベルの微細加工をやってみないかと勧められた」という事実があった。「『今のままでは既存の売上は行き詰まる』と考えたので産学連携で新製品を開発しようと考えた」という内田副社長にとって，何かしなければならないと考えていたところに方向性を示されて後押しされたと感じたと考えられる。

⑶ 京浜工業所のイノベーションの成果の潜在的市場の調査に橋本教授および産技大知的財産センターが貢献している。

　サポイン事業には協力者として，凸版印刷株式会社総合研究所，日本電信電話株式会社NTT環境エネルギー研究所も参加している。これらは橋本教授が販売先候補として探してきたという。橋本教授は「こういう場合，民・民よりも大学の教員が間に入ったほうが，大企業も参加しやすい」ことがあるという。

　市場調査に関して，内田副社長によれば，「産技大の知的財産センターの人と一緒にユーザー企業を回ると，先方も，京浜工業所が単独で

行くよりも信用してくれて，ていねいに応対してくれた」という支援が
あった。

　加えて著者が推察するに，サポイン事業という国の助成を受けたプロ
ジェクトであったことも上記の大企業が参加しやすかった要因と考えら
れる。このサポイン事業の獲得を奨めたのも橋本教授であった。このよう
な公的ファンドのマクロ信用の活用は，資金確保を超えた効果がある
と言える。

　また，橋本教授の「産学連携というと，補助金をもらって共同研究す
ることに目がいきがちだが，その前段の中小企業とお近づきになる段階
のほうがたいへんだ」という言葉は，「大学教員が中小企業とお近づき
になったうえで，産学連携で補助金をもらって共同研究すると，前段階
はたいへんだけれども非常に良い成果を上げることが可能」と解するこ
とができる。このような考え方は，KNS が自らを「直接にビジネスや
共同研究開発を行う主体ではなく，ビジネス，研究，共同プロジェクト
が生まれる基になる人的ネットワークである」とし，人間関係を作らず
に，いきなりビジネスを共同で行うことはできず，仮に行ってもうまく
いかないと考えていることと共通している。

(4) 橋本教授は優れた研究者としての実績・知見に加えて，産学官連携支
援に真剣にコミットした結果として得た明確な考え方，支援に関する知
見，人的ネットワークを有していたために，京浜工業所のイノベーショ
ンに対して多様かつ大きな貢献をすることができたと考えられる。産学
官連携が成功するための要因のひとつとして，大学教員のマインドセッ
トが重要と考えられる。この事例に見られる大学教員の重要なマインド
セットは，

　①産学官連携に関する考え方として，「よく『大学のシーズを企業が活
　　用して』などと言うが，そのようなことは起こらないことがわかっ
　　た」「中小企業も困った問題は信頼ができるまでは言わない」「ビジネ

スなので，顧客である中小企業のニーズ，困った問題を聞く必要がある」「産学連携というと，補助金をもらって共同研究することに目がいきがちだが，その前段の中小企業とお近づきになる段階のほうがたいへんだ」といったマインドになることが重要と考えられる。

②橋本教授は2008年から本書執筆時（2017年）も中小企業の産学官連携を支援しており，長年にわたって中小企業の人たちと関わり，産学官連携を行って知見・経験を蓄積している。長年にわたって，期限を切ることなく相手と付き合い続けるというマインドが重要と考えられる。このことはKNSが，一度関係性を有したら一生付き合うことを会員に求めていることとも共通している。

(5) 昭和真空の事例では媒介者の役割を果たした松永氏は，京浜工業所の事例ではサポイン事業の運営を支援する外部資源として機能している。同一人物でも異なる役割を果たすことがあることがわかる。

(6) サポイン事業は，オープンイノベーションを行うことが申請要件となっているとともに，中堅・中小企業が行うオープンイノベーションに大企業や大学を参加させることを促進する効果があると考えられる。この事例では，サポイン事業の協力者として，凸版印刷株式会社総合研究所，日本電信電話株式会社NTT環境エネルギー研究所も参加している。これらは橋本教授が販売先候補として探してきた経緯であるが，サポイン事業という国の助成を受けたプロジェクトであったことも上記の大企業が参加しやすかった要因と考えられる。このような公的ファンドのマクロ信用の活用は，資金確保を超えた効果があると言える。

3-4　有限会社河野ギター製作所[22]

本節では，有限会社河野ギター製作所の桜井正毅社長が，芝浦工業大学の

岡村宏名誉教授ほかの研究者と，ギターの表板の裏側に貼る力木について研究開発，製品改善を行った事例についてケーススタディを行った。

3-4-1 企業概要

2016年6月，河野ギター製作所の桜井社長にインタビューを行った。河野ギター製作所の企業概要は，図表3.4.1のとおりである。

図表3.4.1 河野ギター製作所の企業概要

商号	有限会社 河野ギター製作所
代表者	桜井正毅社長
本社・事業所	本社は東京都豊島区，工房は埼玉県狭山市。
事業内容	手作りギターの製作，販売
資本金	5,000万円
従業員数	11人
売上（年商）	約1.3億円

出典：河野ギター製作所ホームページ，ヒアリングから著者作成。

河野ギター製作所は，世界的に著名な手作りギターのメーカーである。1948年，河野賢氏がギター製作を始め，東京都の工場移転支援事業により，1977年，狭山市に工房を移転した。

手作りギターの生産工程は，マホガニー，セドル，黒檀，スプルースといった銘木を部品の形状に切削加工して，5年間など必要な期間乾燥させ，部品が仕上がったら組立工程に入る。組立工程でも，工程から次の工程まで2カ月程度乾燥させる期間を置くなどするため，1年をかけて組み立てて製

---

22) 河野ギター製作所ホームページ http://www.kohno-guitar.org/（2017年8月2日取得）。

品とする。原材料，部品の在庫期間が極めて長期間であり，材料の木材を乾燥させる過程で材料の一部は反り返って使用できなくなるなど製造には苦労があるという。他方，河野ギター製作所のギターは世界的な評価を受けて著名であり販売は順調であるほか，ギター製造の専門学校卒業生などが同社で技術を身につけたいと盛んに就職希望してくるなど，近年の厳しい採用環境の中でも従業員の確保は容易であるという。

　また，河野ギター製作所は，創業者の河野氏が現代ギター社，雑誌『現代ギター』の創刊者であり，桜井社長も一貫して『現代ギター』の発行を支援するなど，文化としてのギターの普及発展にも貢献している。桜井社長は，創業者である河野氏の甥にあたり，1967年，上智大学電子工学科を卒業と同時に河野ギター製作所に入社し，1998年，河野氏の死去以降，河野ギター製作所を継承している。

3-4-2　研究開発の概要

　河野ギター製作所では長い間，創業者の河野氏により欧州の伝統的な力木の配置が採用されていたが，桜井氏は代表取締役に就任した後に，新たな配置パターンを考案した。力木とは，表板の裏側に棒状の木を貼って補強をするものである。力木の形状や配置には，ギターの本場である欧州で伝統的に採用されていた方式などさまざまな種類がある。力木の本数や形状によってギターの音質や鳴り方は大きく左右される。この新しい力木の配置は桜井社長のアイデアを基に，岡村教授が力学計算やシミュレーションを行って共同開発したという。

　桜井社長と岡村教授は，ギターの話をきっかけに居酒屋で知り合ったという。ただし，偶然の出会いをオープンイノベーションに結びつけることは容易ではない。この事例では，第1に，桜井社長には，力木を改善すれば良いギターを作れるはずだという明確なイノベーションおよびビジネスモデルの

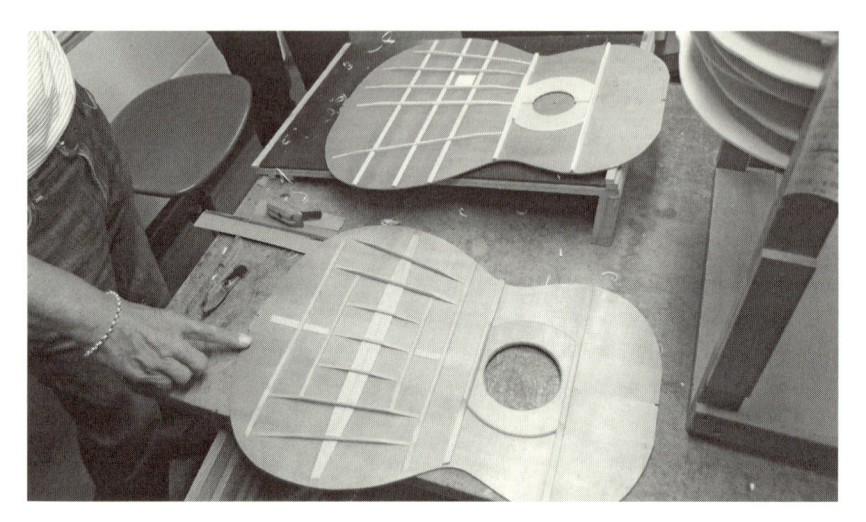

出典：2016 年 6 月，著者撮影。

「構想」があった。第 2 に，岡村教授も音楽が好きということで，両者は出会った当初から良好なコミュニケーションがとれた。今井・金子［1988］がいう「場面情報」の共有に類似する両者の共通基盤があったために，偶然の出会いを豊かな成果を出す出会いにすることができた。第 3 に，「大学の教授」というマクロ信頼の上にコミュニケーションを重ねることで，桜井社長は岡村教授への個人的な信頼関係も確立していった。これらにより，このケースでは偶然の出会いをオープンイノベーションに結びつけることができたといえる。

　考案した力木は，横方向の強度を上げ，弾力を落とさないようにするため力木の高さを変えないようにしつつ，より細く削って軽量化を実現した。軽量化したことにより，表板の振動が増し，ギターの音質が向上したとのことである。

　河野ギター製作所のオープンイノベーションに関わる構想ができあがる前

図表3.4.3　構想ができあがる前，構想ができあがった後の主なプレイヤー

「構想ができあがる前」のプレイヤー	経営者	櫻井社長
	媒介者	なし
	外部資源	なし
「構想ができあがった後」のプレイヤー	経営者	櫻井社長
	媒介者	岡村教授
	外部資源	岡村教授，岡村教授の共同研究者

出典：河野ギター製作所ヒアリングから著者作成。

と後の主なプレイヤーは図表3.4.3のとおりである。

　河野ギター製作所のオープンイノベーションに関わるPhaseごとの経営者の取引コストをSearch costとMonitoring costに分けて整理すると，図表3.4.4のように表すことができる。

　以下に図表3.4.4の内容を詳述する。

(1) 構想ができあがる前のResearchのPhaseにおける経営者のコストについては，ギターの力木に関するアイデア，技術シーズは桜井社長が有していた。この意味で，イノベーションの構想は経営者が作っていたと言える。

(2) 構想ができあがった後のResearchのPhaseにおける経営者の取引コストについては，岡村教授は，振動など機械工学の学術的知見を有していた。桜井社長の力木に関わるアイデア，技術，改善への強い意欲が，岡村教授との出会いを有意義なものにしたと考えられる。

(3) Development（プロジェクトチームによる研究開発）のPhaseにおける経営者の取引コストについては，研究開発は，桜井社長の長年のギター製作に関わる知見と問題意識，岡村教授の研究者としての知見による共同研究として両者の負担で行われた。岡村教授の共同研究者も加わって，ギターの音，振動，力木に関わる研究を行い，論文を発表して

phase	経営者の取引コスト	
	Search cost	Monitoring cost
「構想ができあがる前」の Research（アイデア，技術シーズ探索，研究）	櫻井社長のアイデアであり，Search cost なし。	社外経営資源を使っていないため，なし。
「構想ができあがった後」の Research（アイデア，技術シーズ探索，研究）	力木とギターの音色に係る情報探索，この分野における研究開発パートナーの探索などのコスト。岡村教授との偶然の出会いのため，Search cost は小さい。	社外資源の Monitoring cost。大学教員に対するマクロ信頼により低減されている。
Development（プロジェクトチームによる研究開発）	研究開発遂行に必要な情報の Search cost。岡村教授は知見を有しており，追加的 Search cost は小さい。	社外資源の Monitoring cost。大学教員に対するマクロ信頼により低減されている。
Market（販売と市場）	市場調査などの Search cost。著名であり追加的 Search cost は小さい。	社外経営資源を使っていないため，なし。

出典：河野ギター製作所ヒアリングから著者作成。

いる[23]。たとえば，岡村ほか［2007］では，シミュレーションモデルを作成し，従来型のクラシックギターと，従来型のクラシックギターの力木の配置だけを違えた 2 つのギターの音質の違いをシミュレーションお

---

23) 岡村教授ほかは，ギターの音質に関わる論文を 2003 年から 2015 年まで公表している。（出典：国立情報学研究所 NII Articles，2017 年 6 月 26 日取得）。

よび実測し，高音と低音のバランス，音量の向上という目的に対して力木をどのように配置すれば良いか科学的に考察する手法を提供している（p.113）。

　オープンイノベーションのプロジェクトチームは，桜井社長というギターの作り手による機能改善と岡村教授ほかのシミュレーションを用いた研究の共同研究として行われ，成果として，ギターの音質を良くする力木の配置および研究論文が得られた。

　桜井社長は，自らの経験で力木の改善に試行錯誤的に取り組んでいたが，岡村教授ほかの研究に協力することで，科学的に力木について考察する方法を知ることができ，一層，力木の改善が進んだと考えられる。

(4) Market（販売と市場）の Phase における経営者のコストについては，桜井社長が作成するギターは，世界的な評価を受けて著名であり販売は順調であって，追加的コストは大きくなかったと考えられる。力木の改善により，製品の魅力はいっそう向上したと考えられる。

以上から，河野ギター製作所が力木等の改良に関して行った研究開発について，内部資源によるものと外部資源によるものを整理する。

(1) 内部資源によるもの

　①力木の改良がギターの音色の向上に結びつくという着想

　②さまざまな力木の構造が音色に与える影響を実機で検討する研究開発

　③強固なブランド力による市場での安定的な販売

(2) 外部資源によるもの

　①力木とギターの音色との関係の力学的，工学的な解析により研究開発の方向性を示したこと

　②力木の構造を変えたときのギターの音色の変化をコンピュータでシミュレーションすることにより，実機による検討の工数を減らして研究開発のスピードをアップさせたこと

このように，河野ギター製作所のオープンイノベーションは，基本的には

河野ギター製作所のアイデア，技術，販売力で実行されており，内部資源が
しっかりしていないとオープンイノベーションはうまくいかないとの Ches-
brough の指摘を例証していると考える。

3-4-3　オープンイノベーションに関わった人々と受けた支援

オープンイノベーションに関わる Phase ごとの支援

　河野ギター製作所のオープンイノベーションに関わる Phase ごとの支援
は，図表3.4.5のように表すことができる。また，河野ギター製作所のオー

図表3.4.5　河野ギター製作所のオープンイノベーションに関わる Phase ごと
　　　　　の支援

phase	経営者の取引コスト	
	Search cost	Monitoring cost
「構想ができあがる前」の Research（アイデア，技術シーズ探索，研究）	支援なし	支援なし
「構想ができあがった後」の Research（アイデア，技術シーズ探索，研究）	支援なし。居酒屋での偶然の出会いのため，Search cost は小さい。話し合いを重ねて信頼（信用に係る初期の Search cost は大きい）。	信頼関係ができた後の Monitoring cost は小さい。
Development（プロジェクトチームによる研究開発）	岡村教授が大学教員等の共同研究者を紹介。	信頼関係ができた後の Monitoring cost は小さい。
Market（販売と市場）	支援なし	支援なし

出典：河野ギター製作所ヒアリングから著者作成。

図表 3.4.6　河野ギター製作所のオープンイノベーションに関わる Phase ごと
　　　　　　の支援組織，人的ネットワーク，媒介者の貢献

Phase	経営者の取引コスト	
	Search cost	Monitoring cost
「構想ができあがる前」の Research（アイデア，技術シーズ探索，研究）	支援組織貢献なし 人的ネットワーク貢献なし 媒介者貢献なし	支援組織貢献なし 人的ネットワーク貢献なし 媒介者貢献なし
「構想ができあがった後」の Research（アイデア，技術シーズ探索，研究）	支援組織貢献なし 人的ネットワーク貢献なし 媒介者貢献あり	支援組織貢献なし 人的ネットワーク貢献なし 媒介者貢献あり
Development（プロジェクトチームによる研究開発）	支援組織貢献なし 人的ネットワーク貢献なし 媒介者貢献あり	支援組織貢献なし 人的ネットワーク貢献なし 媒介者貢献あり
Market（販売と市場）	支援組織貢献なし 人的ネットワーク貢献なし 媒介者貢献なし	支援組織貢献なし 人的ネットワーク貢献なし 媒介者貢献なし

出典：河野ギター製作所ヒアリングから著者作成。

プンイノベーションには，支援組織，人的ネットワーク，媒介者は貢献していないと考えられ，図表3.4.6のように表すことができる。

　以下に図表3.4.5を詳述する。

⑴　構想ができあがる前の Research（アイデア，技術シーズ探索，研究）の Phase においては，桜井社長がイノベーションの構想を作っており支援は受けていない。

⑵　構想ができあがった後の Research（アイデア，技術シーズ探索，研究）の Phase において，桜井社長は，居酒屋での偶然の出会いにより，力学の知見を有する岡村教授と結びついたので。Search cost は小さかった。桜井社長は，岡村教授と話し合いを重ねて信頼した。その意味

で，信用に関わる初期の Search cost は大きかったと言える。信頼関係ができた後の Monitoring cost は小さい。

(3) Development（プロジェクトチームによる研究開発）の Phase においては，岡村教授が共同研究者を紹介したため，Search cost は小さく，Monitoring cost も小さい。

(4) Market（販売と市場）の Phase では支援は受けていない。

オープンイノベーションに関わる人的ネットワーク

このオープンイノベーションのプロジェクトチーム組成にあたっては，桜井社長の問題意識，岡村教授との偶然の出会いから始まる人間関係が起点となっている。これらは図表 3.4.7 のように表すことができる。岡村教授は，力学など学術的な貢献を行っており，また，同じ大学内および学外の研究者を募って共同研究を行っており，媒介者の役割も果たしている。

この事例が示すように，支援組織，人的ネットワーク，媒介者の介在なしでも産学連携によるオープンイノベーションは起こっている。

オープンイノベーションのためのプロジェクトチームの組成にあたっての初期の課題は，まず，的確なプロジェクトチームのメンバーを探索すること，次に，プロジェクトチームのメンバーと信頼を醸成することであるが，この事例では，偶然の出会いによってこれらの課題を乗り越えて共同研究を行い，ギターの性能向上と，学術的な知見の両面で成果を挙げ，桜井社長が岡村教授や岡村教授の共同研究者から科学的な支援を受けた事例であると考える。

3-4-4　事例から注目される事実

この事例から注目される事実を挙げる。

(1) 中堅・中小企業の産学連携によるオープンイノベーションは，支援組

図表 3.4.7 河野ギター製作所の桜井社長を起点とするオープンイノベーション
に関わる人的ネットワーク

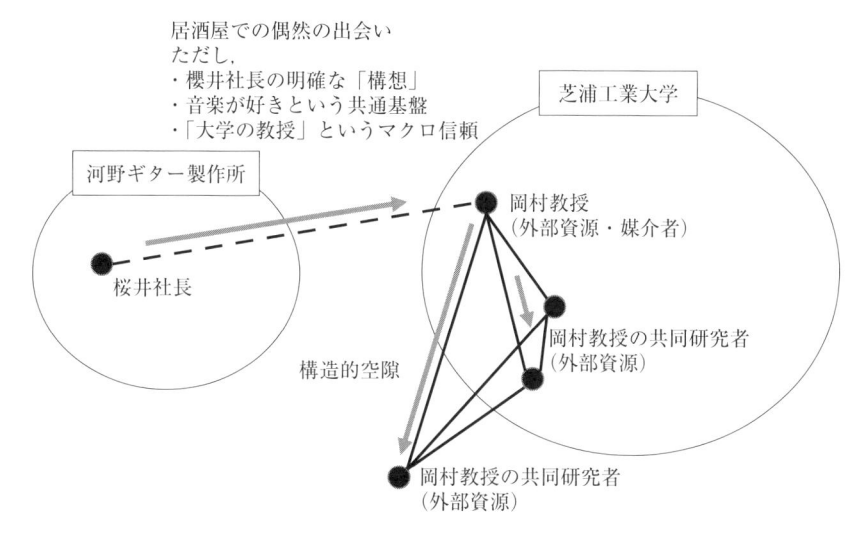

注：実線は強い紐帯，点線は弱い紐帯を表す。

出典：河野ギター製作所ヒアリングから著者作成。

（参考）オープンイノベーションに着手する前の人的ネットワーク

注：実線は強い紐帯，点線は弱い紐帯を表す。

出典：河野ギター製作所ヒアリングから著者作成。

119

織，人的ネットワーク，媒介者の介在なしでも起こっている。

(2) 桜井社長と岡村教授は，的確なプロジェクトチームのメンバーの探索，プロジェクトチームのメンバーとの信頼の醸成を，偶然の出会いによって成し遂げた。それができた理由は，①桜井社長の明確なイノベーションおよびビジネスモデルの「構想」，②音楽が好きという「場面情報」の共有に類似する両者の共通基盤，③「大学の教授」というマクロ信頼の上に個人的な信頼関係も確立したことといえる。

桜井社長と岡村教授ほかは，共同研究を行い，ギターの性能向上と，学術的な知見の両面で成果を挙げた。

3-5 株式会社エイワ[24]

本節では，文部科学省が 2010 年度に実施した「地域イノベーションクラスタープログラム」事業や，それに先だって岩手県釜石市で関連する事業等により行われたコバルト合金の開発プロジェクト，および，その研究開発成果を受けて，株式会社エイワが生産技術開発，投資，販売を含む新規事業開拓まで実施した事例についてケーススタディを行った。

3-5-1 企業概要

2016 年 3 月および 2017 年 5 月，佐々木政治社長（当時）にインタビューを行った。エイワの企業概要は，図表 3.5.1 のとおりである。

エイワは，1978 年，佐々木社長が創業し，FRP 製のボートのパーツ製作から始め，FRP の設計，製作技術を培い，建築部材やタンクなどの大容量

---

24) エイワホームページ　http://www.eiwa-heartmake.com/（2017 年 8 月 2 日取得）。

図表 3.5.1　エイワの企業概要

商号	株式会社エイワ
代表者	佐々木政治 社長（当時）
本社・事業所	岩手県釜石市
事業内容	FRP（繊維強化プラスチック）の成形加工，防水・防蝕・塗装など。建設工事業，防水工事業，塗装工事業。 金属の溶解，鋳造，鍛造等の加工販売事業。
資本金	3,000 万円
従業員数	50 人
売上（年商）	約 10 億円

出典：エイワホームページ，ヒアリングから著者作成。

容器など FRP 製品の新しい市場を求めて事業展開してきた。本書執筆時（2017 年）には，FRP 部門，建築防水・防食・塗装などの建築工事部門，本事例で研究開発した金属事業部門の 3 部門で経営している。従来の事業は受注生産であり，市場や顧客の動向によって売上が不安定となるため，自社ブランド製品を求めて，介護用バスユニットや生ゴミ処理機などの開発に取り組んできた。しかし，販売に苦心してきたという。岩手県庁の産学官連携プロジェクトをきっかけに，新規事業としてコバルトクロム合金事業に進出した。

3-5-2　研究開発の概要

　鈴木[25]［2017］は「現在，東北大学金属材料研究所に所属する千葉晶彦教授が，2001 年，近代製鉄発祥の地である釜石市をコバルト合金の製造拠点

---

25)　鈴木淳一いわて産業振興センター科学技術コーディネーター（2014 年当時）（以下「鈴木氏」）。

としたいと提案し，コバルト合金生体材料開発研究会が釜石市に設立され，経済産業省，岩手県の助成事業を実施した。2004 年度から文部科学省・産学官連携促進事業（一般型），2007 年から文部科学省・産学官連携促進事業（発展型）で開発を進めた。2007 年にはそれまで決まっていなかった製造，販売の主体がエイワに決まった。2010〜12 年度は，文部科学省の「地域イノベーションクラスタープログラム」事業[26]により開発を進め，2010 年，エイワが金属事業部を設立した。2012 年，エイワが医療機器メーカーへ合金丸棒を初出荷した」（p.21）としている。一般に，コバルト合金は，医療機器の部品として人工関節や歯科治療などに用いられている。しかし，従来のものは加工しやすくするために微量のニッケルを加えたものが使用されていて，そのニッケルが人体にアレルギーを引き起こす可能性があった。千葉教授が，岩手大学助教授だった 1995 年から研究開発に着手し，ニッケルを使用しない「ニッケルレス コバルト–クロム–モリブデン合金」の開発に成功した。釜石のコバルト合金の開発プロジェクトは，この合金を商業生産するための製造技術の研究プロジェクトであり，（公財）いわて産業振興センターが中核機関，千葉教授が研究統括となり[27]，地元釜石からは，（公財）釜石・大槌地域産業育成センター（以下「釜石・大槌センター」）や，釜石の地場企業が参加して行われた。岩手県庁からは，黒澤芳明科学・ものづく

---

26) 同事業のグローバル型，いわて県央・釜石地域として採択され，「『いわて発』高付加価値コバルト合金による，医療機器用・一般産業用実用化基盤を構築したこれまでの取組の成果を活かし，製品化や材料の規格化へ向けた研究開発，生体用材料としてニーズの高いアジア・欧米市場へ向けた販路拡大の取組を推進し，既に当地域で企業化した合金材製造事業を核としたクラスターの形成を図ります」としている。（出典：文部科学省ホームページ http://www.mext.go.jp/component/a_menu/science/micro_detail/__icsFiles/afieldfile/2010/10/06/1297966_3.pdf，2017 年 3 月 20 日取得）。

27) 地域イノベーション戦略支援プログラム（グローバル型）事後評価の評価結果について いわて県央・釜石地域，2014 年 5 月，文部科学省ホームページ http://www.mext.go.jp/b_menu/houdou/26/05/attach/1347378.htm（2017 年 5 月 3 日取得）。

図表3.5.2　構想ができあがる前，構想ができあがった後の主なプレイヤー

「構想ができあがる前」の プレイヤー	経営者	佐々木社長
	媒介者	岩手県庁黒澤氏ほか，いわて産業振興センター 鈴木氏ほか，釜石・大槌センター佐々氏ほか
	外部資源	千葉教授
「構想ができあがった後」 のプレイヤー	経営者	佐々木社長
	媒介者	岩手県庁黒澤氏ほか，いわて産業振興センター 鈴木氏ほか，釜石・大槌センター佐々氏ほか
	外部資源	千葉教授

出典：エイワヒアリングから著者作成。

り振興課総括課長[28]（2007〜09年当時）ほか，期間中に多くの役職員が関わっている。釜石・大槌センターからは，釜石商工会議所から出向していた佐々隆裕専務理事（2016年当時）らが関わっている。

　エイワのオープンイノベーションに関わる構想ができあがる前と後の主なプレイヤーは図表3.5.2のとおりである。また，Phaseごとの経営者の取引コストは図表3.5.3のとおりである。

　図表3.5.3の内容を以下に詳述する。

(1)　構想ができあがる前のResearchのPhaseにおける経営者の取引コストについては，千葉教授が開発に成功した「ニッケルレス コバルト－クロム－モリブデン合金」が技術シーズであった。エイワは，Research（アイデア，技術シーズ探索，研究）のPhaseでは自らがこの研究開発成果の事業化を担う意思決定をしておらず，コストは負担していない。

(2)　構想ができあがった後のResearchのPhaseにおける経営者の取引コストについては，2007年に，それまで決まっていなかった製造，販売の主体をエイワが引き受けることを佐々木社長が決断するにあたって，

───────
28)　2016年現在（地独）岩手県工業技術センター副理事長。

図表 3.5.3　エイワのオープンイノベーションに関わる Phase ごとの経営者の
　　　　　　取引コスト

phase	経営者の取引コスト	
	Search cost	Monitoring cost
「構想ができあがる前」の Research（アイデア，技術シーズ探索，研究）	なし	なし
「構想ができあがった後」の Research（アイデア，技術シーズ探索，研究）	なし	なし
Development（プロジェクトチームによる研究開発）	基礎技術についてはなし。生産技術，設備投資等に係る Search cost	千葉教授は INS のメンバーを介してつながっており Monitoring cost は小さい
Market（販売と市場）	市場調査などの Search cost	社外経営資源を使っていないため，なし

出典：エイワヒアリングから著者作成。

製造技術，市場，投資計画などの情報を探索し，ビジネスモデルの実現可能性や収益性を確認するコストの一切を佐々木社長が負った。プロジェクトチームメンバーは，佐々木社長の情報探索を支援し，Research cost を低減させた。

(3) Development（プロジェクトチームによる研究開発）の Phase における経営者の取引コストについては，研究開発は，岩手県庁，いわて産業振興センターが中核となり，千葉教授が研究統括，地元からは釜石・大槌センター，釜石の地場企業が参加して行われた。

エイワは，基礎的な Development（プロジェクトチームによる研究開発）の Phase では自らがこの研究開発成果の事業化を担う意思決定をしておらず，コストは負担していない。他方，2007 年に，製造，販

　売の主体を引き受けることを決断して以降は，生産技術の Development（プロジェクトチームによる研究開発）は，エイワが主体となり，基本的にすべてのコスト，リスクを負って進めている。

⑷ Market（販売と市場）の Phase については，基礎的研究開発プロジェクトが終盤を迎えたとき，プロジェクトで生まれた技術の民間移転が課題となった。商業生産を行うには，設備投資と販路の確保が必要であり，事業リスクがあった。それまでの基礎研究を進めてきた千葉教授や，その基礎研究をファンド獲得等で支援してきた岩手県庁，いわて産業支援センターは事業主体とはなりえなかった。プロジェクトに参加した釜石の地場企業はいずれも小規模で，この事業リスクを取ることには大きな決断を要した。このような中，2007 年に，佐々木社長が自社で取り組むことを表明し，建物，設備の投資を行い，同技術を使った新規事業分野に進出した。

　佐々木社長の決断の背景には，第 1 に，従業事業の受注生産業務だけでは先行きが不透明と認識し，自社ブランド製品を持ちたいと長年努力してきたこと。第 2 に，岩手県庁の黒澤氏らの仲介によって千葉教授と連携できたこと。第 3 に，佐々木社長自身のチャレンジ精神旺盛な性格（アントレプレナーシップ）があった[29]ことが考えられる。

　2016 年現在，エイワは，「ニッケルレス コバルト−クロム−モリブデン合金」の工場・設備を有し，製造，販売している。製造工程としては，①真空溶解炉によりコバルト−クロム−モリブデン合金の金属塊（インゴット）を製造する。②顧客の要望にあった大きさ，形状，機能にするため，圧延，鍛造などの金属加工を行う。③引張り試験，化学成分分析，ミクロ組織観察，ロックウェル硬さ試験などの検査，品質保証を行っている。

29）　佐々木社長と親交が深い佐藤利雄氏（本書執筆時（2017 年）の所属は，科学技術振興機構マッチングプランナー（東北・北海道））の見解である。

図表3.5.4　エイワの真空溶解炉

出典：エイワ　パンフレット。

エイワは，Market（販売と市場）に関しては全面的に経営者のコストを負ったほか，必要な設備投資，生産技術の習得のコストも負っている。

3-5-3　オープンイノベーションに関わった人々と受けた支援

オープンイノベーションに関わる Phase ごとの支援

エイワのオープンイノベーションに関わる Phase ごとの経営者の取引コストへの支援機関，人的ネットワーク，媒介者の貢献は，図表3.5.5のように表すことができる。また，エイワのオープンイノベーションへの支援組織，人的ネットワーク，媒介者の貢献の有無は，図表3.5.6のように表すことができる。

以下に図表3.5.5を詳述する。

(1) 構想ができあがる前の Research（アイデア，技術シーズ探索，研究）の Phase においては，岩手県庁，いわて産業振興センターといった支援組織が全面的に負担を負っており，エイワは事業化の意思決定をしていなかった。

図表3.5.5　エイワのオープンイノベーションに関わる Phase ごとの支援

phase	経営者の取引コスト	
	Search cost	Monitoring cost
「構想ができあがる前」の Research （アイデア，技術シーズ探索，研究）	負担なし。岩手県庁，いわて産業振興センターといった支援組織が全面的に負担を負っており，エイワは事業化を意思決定していなかった。	負担なし
「構想ができあがった後」の Research （アイデア，技術シーズ探索，研究）	2007 年にエイワがコミットした以降の生産技術に係る研究開発などを支援。	千葉教授は INS でつながっており Monitoring cost は小さい。
Development （プロジェクトチームによる研究開発）	同上	同上
Market （販売と市場）	支援なし	支援なし

出典：エイワヒアリングから著者作成。

(2) 構想ができあがった後の Research（アイデア，技術シーズ探索，研究）の Phase においては，2007 年にエイワが事業化にコミットした以降の生産技術に関わる研究開発，設備投資などに関わる Search cost は基本的にエイワが負っていて，それを千葉教授や，INS でつながった県庁職員等が支援している。

(3) Development（プロジェクトチームによる研究開発）の Phase においても，上記と同様である。

(4) Market（販売と市場）の Phase に関わるコストは，エイワが全面的に負担していると考えられる。

以上から，エイワが「ニッケルレス コバルト-クロム-モリブデン合金」の実用化に関わる研究開発について，内部資源によるものと外部資源による

図表 3.5.6　エイワのオープンイノベーションに関わる Phase ごとの支援組織，人的ネットワーク，媒介者の貢献

Phase	経営者の取引コスト	
	Search cost	Monitoring cost
「構想ができあがる前」の Research（アイデア，技術シーズ探索，研究）	支援組織貢献あり 人的ネットワーク貢献あり 媒介者貢献あり	支援組織貢献あり 人的ネットワーク貢献あり 媒介者貢献あり
「構想ができあがった後」の Research（アイデア，技術シーズ探索，研究）	支援組織貢献あり 人的ネットワーク貢献あり 媒介者貢献あり	支援組織貢献あり 人的ネットワーク貢献あり 媒介者貢献あり
Development（プロジェクトチームによる研究開発）	支援組織貢献あり 人的ネットワーク貢献あり 媒介者貢献あり	支援組織貢献あり 人的ネットワーク貢献あり 媒介者貢献あり
Market（販売と市場）	支援組織貢献なし 人的ネットワーク貢献なし 媒介者貢献なし	支援組織貢献なし 人的ネットワーク貢献なし 媒介者貢献なし

出典：エイワヒアリングから著者作成。

ものを以下に整理する。

(1) 内部資源によるもの

①受注に頼る経営から自社製品を持ちたいという問題意識から新規事業進出を行おうとする経営者の意思

②新規事業進出に耐える資金力，人材を含む組織力

③「ニッケルレス　コバルト-クロム-モリブデン合金」の基礎技術を基に製造技術を開発し，新規設備を使いこなして製品を製造する製造部門の人材と組織

④製品を販売する営業部門の人材と組織

(2) 外部資源によるもの

①「ニッケルレス　コバルト-クロム-モリブデン合金」に関する基礎技

術

②エイワによる「ニッケルレス　コバルト−クロム−モリブデン合金」の基礎技術から製造技術への研究開発に対して，大学，行政がエイワが取り組みを決断した 2007 年から 2012 年の製品の初出荷まで，文部科学省のファンドなどで支援したこと

③ 2004 年から現在まで，釜石で「ニッケルレス　コバルト−クロム−モリブデン合金」技術で産業，雇用を生み出そうという目標に対して，大学，行政，INS に属する個人が必要な支援を継続していること

　このように，エイワのオープンイノベーションは，基本的にはエイワの経営判断，技術，販売力で実行されており，内部資源がしっかりしていないとオープンイノベーションはうまくいかないとの Chesbrough の指摘を例証していると考える。

オープンイノベーションに関わる人的ネットワーク

　エイワのオープンイノベーションのプロジェクトチーム組成にあたっては，岩手県庁が助成金獲得とチーム編成の中核となり，千葉教授，釜石・大槌センター，釜石の地場企業が参加して行われた。第 1 の段階（2001〜07 年）では，千葉教授の基礎技術を基に応用技術開発が行われ，実用化してくれる企業を Search した。第 2 の段階（2007 年〜）では，エイワが事業化を決断し，実用化技術開発，マーケティング，設備投資が行われた。エイワの佐々木社長が新規事業に進出する決断をした背景としては，第 1 に，自社製品を持ちたいという問題意識，第 2 に，INS の会員である佐々木社長と岩手県庁の黒澤氏などとの既知のインフォーマルな人間関係によって，信頼できる情報を集めることができたことがある。

　佐々木社長によれば，この研究開発事業への参加や，自社での技術導入，製造，販売を決断するにあたって，よくコミュニケーションをとっていたのは，釜石商工会議所から釜石・大槌センター出向していた佐々氏，岩手県庁

からいわて産業振興センターに出向してきた歴代の担当職員や，黒澤氏であったという。この背景としては，佐々木社長自身も INS の初期に積極的に参加して現在も会員であり，INS の会員である黒澤氏と親交がある。

岩手県庁からは期間中に多くの役職員が関わっているが，佐々木社長に「本件に関する県庁の役割を誰にインタビューすべきか」を尋ねたところ，黒澤氏を挙げた。この事業の岩手県庁の担当課は，一貫して科学・ものづくり振興課（2006 年までは科学技術課）であるが，黒澤氏は，2004 年度からの文部科学省・産学官連携促進事業（一般型）に関しては産業振興課　担当課長として限定的に関与し，2007 年からの文部科学省・産学官連携促進事業（発展型）に関しては科学・ものづくり振興課　総括課長，県所管課の総括課長として関与し，2010〜12 年度の文部科学省の地域イノベーションクラスタープログラム事業に関しては，いわて産業振興センター事務局長（岩手県庁からの出向）として関与したという。黒澤氏は「自分以外にも，県担当者，財団担当者，鈴木氏のようなコーディネーターがさまざまに努力して支援してきており，自分の果たした役割はそれほど大きくはない。佐々木社長が自分の名前を挙げたのは，こういった方々の代表として挙げたのかなと思っている」と答えている。

これらのオープンイノベーションのプロジェクトチームに関わった人々の関係（2007 年〜）は，佐々木社長と千葉教授を起点として図表 3.5.7 のように表現できる。

この事例における支援組織としては，岩手県庁が中核となってオープンイノベーションのプロジェクトチームを組成したり，ファンドを獲得したりした。そして釜石・大槌センターが地元の支援組織として支援を行った。

人的ネットワークとしては，INS が，県庁職員，岩手大学の千葉教授，釜石の地場企業をつなげる役割を担っている。

この事例では，Research（アイデア，技術シーズ探索，研究），Development（プロジェクトチームによる研究開発）の途中まで，事業化を負う民

間企業が確定していなかった。エイワが，大学および公的に生み出された技術の移転を受けて事業を開始したと解することができる。エイワが，大学および公的に生み出された技術の移転を受けて事業を開始するという経営判断をするにあたっては，まず，釜石で行われた研究開発を近くで見ていたこと，次に，佐々木社長，黒澤氏，岩手大学に在籍していた千葉教授，釜石・大槌センターに出向していた岩手県庁職員など媒介者となった人たちや岩手県庁，釜石・大槌センターといった支援組織が，INS という人的ネットワークで結ばれていたことが貢献したと考えられる。

3-5-4　事例から注目される事実

　この事例から注目される事実を挙げる。

(1) 図表 3.5.7 を見ると，佐々木社長は，直接の面識がなかった東北大学の千葉教授の技術シーズを使って新規事業を立ち上げたことになる。しかし，佐々木社長は，黒澤氏など INS の会員とは強い紐帯で結ばれており，黒澤氏ら県庁職員と岩手大学に在籍していた千葉教授も INS で強い紐帯で結ばれていた。佐々木社長から千葉教授に至る経路がいくつかの強い紐帯を経由してつながったことは INS の貢献と考えられる。

　　経営者から外部資源に至る経路が強い紐帯の連鎖でつながることで，佐々木社長の情報を Search cost，Monitoring cost は軽減されたと考えられる。

(2) 2007 年度および 2010 年度の文部科学省の助成を受けた事業に先だつプロジェクトの形成，新規事業の立ち上げまでを考えると，本件は 2001 年から本書執筆時（2017 年）現在も進行中のプロジェクトであると考えられる。このように長期間にわたる産学官連携プロジェクトを行政がフォローしている例は珍しいと考えられる。この間，県庁職員には人事異動があり，職務として本件に関わるべき役職にある人は交代して

図表 3.5.7　エイワの佐々木社長を起点とするオープンイノベー
　　　　　　ションに係る人的ネットワーク

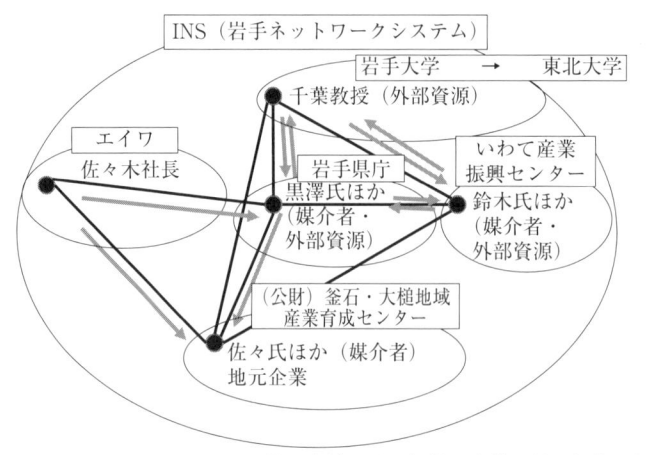

出典：エイワヒアリングから著者作成。

（参考）オープンイノベーションに着手する前の人的ネットワーク

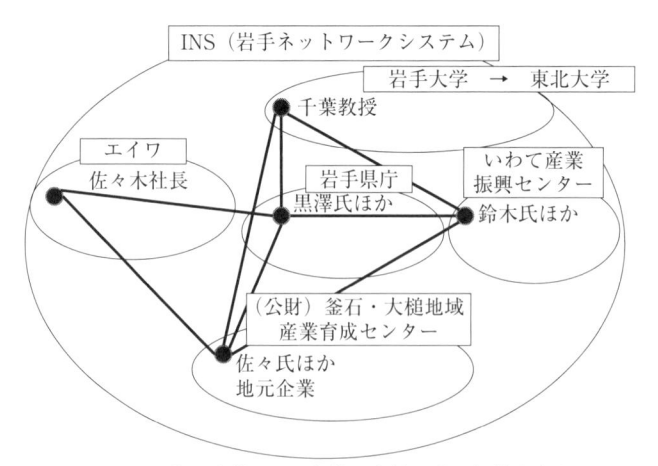

注：実線は強い紐帯，点線は弱い紐帯を表す。

出典：エイワヒアリングから著者作成。

いる。しかし，INS は個人の参加，コミットをベースとした人的ネットワークであるため，佐々木社長は，県庁のフォローが必要な場合は，黒澤氏や INS の会員である知り合いの県庁職員を介して，県庁をはじめ必要な支援組織に強い紐帯の連鎖でアクセスすることが継続的に可能となっている。行政職員の短期間での人事異動によって産学官連携がうまくいかないことがあるとの指摘があるが，INS はこの問題に対する解決法のひとつを提示していると考えられる。

3-6　岩手県の T 社

本節では，岩手県の T 社が，岩手大学の研究者，公設試験場の技術指導員，岩手県庁の産業支援担当者等と長年にわたり研究開発，製品開発を行って金属とプラスチックとの接合技術を有していたところ，大手電機メーカーのスマートフォンの研究開発部署がインターネットによる技術調査によって有用な技術であると判断し，T 社に問い合わせをし，スマートフォンの防水機能を有する筐体として採用された事例についてのケーススタディを行った。

3-6-1　企業概要

2014 年 4 月および 2017 年 3 月，T 社の M 社長にインタビューを行った。T 社の企業概要は，図表 3.6.1 のとおりである。

T 社は，創立 1958 年，1976 年から岩手県盛岡市に本社，工場を構え，1996 年，2004 年に「青木固」技術賞を受賞，2006 年に経済産業省「元気なモノ作り中小企業 300 社」に選定，2011 年に平成 23 年度「特許活用優良企業　経済産業大臣賞」を受賞するなど[30]，岩手県企業の産学官連携成功事例

図表 3.6.1　岩手県の T 社の企業概要

商号	T 社
代表者	M 社長
本社・事業所	岩手県盛岡市
事業内容	メッキなど金属表面処理，各種化成処理，機能性薄膜処理
資本金	3500 万円
従業員数	91 人
売上（年商）	—

出典：岩手県の T 社 2014 年経歴書，ヒアリングから著者作成。

のひとつとして知られている。

　M 社長は，1999 年，父親が創業した T 社の代表取締役社長に兄を継いで就任した。M 社長は，1974 年，大手企業を退職して T 社に入社した。岩手大学との関係は 1975 年頃からあったという。M 社長自身が岩手大学工学部卒業でもあり，工学部の研究室との付き合いや，学生の採用などの関係があった。同じころから岩手県工業試験場（現在の（地独）岩手県工業技術センター）との付き合いもあった。社内に分析機器が十分になかったので，工業試験場の機器を借りて測定をしていたとのことである。

　岩手県庁との関係は，1988 年（昭和 63 年）の融合化法（中小企業の創造的事業活動の促進に関する臨時措置法（1985〜2005 年））に基づく支援の県内第 1 号案件になったことから強くなり，国から県を通じた企業への技術開発支援策が増えてきた時期であったため，密接な付き合いがあった。昭和60 年頃（1980 年代半ば）から米国の成功例を見て，国が大学との連携を進めたと感じる。また，県が技術開発予算を執行しようとする際に，受け手となるべき研究開発型企業が県内ではあまりなかったことから，図表 3.6.1 のように，しばしば支援を受けたという。

---

30)　T 社 社歴書（2014 年 4 月）。

　T社では，現在も，岩手大学のシーズを得て技術開発をしている。また，実用化，企業との取引に向けて，信頼性や歩留まりを上げていく際に，岩手県工業技術センターの支援を受けているという。

　M社長はINSに積極的に関わった。M社長の同世代では，産学官連携に取り組み，日本のものづくりを向上させようという機運があった。INSが設立され，それに触発され，支援を受け，INSの発展に貢献しながら，T社も研究開発を進めてきたという。T社の主な産学官共同研究実績は，図表3.6.2のとおりである。

3-6-2　研究開発の概要

　大手電機メーカーのスマートフォンの研究開発部署が，防水の信頼性があるスマートフォンの筐体の開発を構想し，必要な技術の調査を行った。インターネットによる技術調査により岩手県のT社の技術を見つけ，開発目的に対して，T社の金属と樹脂の接合技術が最も良いという判断となった。大手電機メーカーのスマートフォンの研究開発部署はT社に打診し，さらなる面談による調査の結果，2014年11月，筐体を製造する技術として選定した。その後，共同で製品開発し，最終的に採用され，納品に至ったという。

　大手電機メーカーのスマートフォンの研究開発部署とT社は，事前の面識はなかった。T社にとってイノベーションの構想は，社外からの引き合いから作られたと言える。大手電機メーカーとT社の関係を見ると，T社は，大手電機メーカーにとって，必要な外部資源であったと言える。それをインターネットでSearchし，確認，交渉し，使用することができた事例と言える。

　しかし，T社が保有していた技術を大手電機メーカーがインターネットで見つけて共同開発したという点だけに着目することは，この事例を理解す

図表 3.6.2　Ｔ社の主な産学官共同研究実績

年度	事業名等	連携先
1985～1987 年度	産学官共同研究「ニッケルメッキ表面の機能化による新素材の開発」	岩手大学工学部，岩手県工業試験場
1988 年度	産学官共同研究推進モデル事業（岩手県）「トリアジンチオールを利用した新素材の開発」	を岩手大学，岩手県工業試験場，他の企業
1988～1990 年度	融合化開発促進事業（中小企業庁）「新素材の開発・電磁波シールド材および部分反応樹脂の開発」	岩手大学工学部
1993～1995 年度	科学技術振興調整費による生活・地域流動研究（科学技術庁）「トリアジンチオールのスーパーファイン化に関する総合的研究」	岩手大学，東北大学，山形大学，科学技術庁金属材料研究所，東北工業技術研究所，岩手県工業技術センターほか
1995～1997 年度	中小企業創造活動促進法（中小企業庁）「スーパーファイン化トリアジンチオールを用いた直接成形接着法における表面処理技術の開発」	岩手大学工学部
2002 年度	中小企業創造技術研究開発事業（岩手県）「高強度軽金属とプラスチック複合体による携帯機器筐体作成に関する研究」	岩手大学工学部
2002 年度	課題対応型技術革新促進事業（科学技術振興事業団）「廃液中の硝酸イオンの排出抑制と循環利用に関する研究調査」。	岩手大学工学部
2004 年度	公益信託みずほニュービジネス資金（みずほ信託銀行㈱）「アルミニウムプレス材とプラスチックの直接成形接着技術（TRI 技術）を応用した携帯電話機器の筐体作成」	岩手大学工学部
2005 年度	中小企業創業・経営革新等支援補助金（経済産業省）「LED 向け複雑微細形状金型への離型性被膜処理方法に関する研究」	岩手大学工学部

出典：岩手県のＴ社のホームページから著者作成。

るためには妥当ではないと考える。大手電機メーカーは，他に代替技術がなければ，岩手大学の基礎技術を基に今回使用した技術を得るために技術開発をしなければならなかったかもしれない。T社，岩手大学，岩手県庁の産学官連携による基礎技術から応用技術，実用化に結びつける長年の研究開発の成果を，大手電機メーカーは利用することができたと言える。これらの長年の研究開発は，M社長がリスクを取り，岩手県庁のO氏，K氏が媒介者およびファンド獲得に関して外部資源として支援し，岩手大学N教授，Mo教授や，岩手工業技術センターの職員が技術面の外部資源として支援してきた。T社は，金属表面処理，各種化成処理，機能性薄膜処理に関して，3-6-1に既述した一連の研究開発により，さまざまな関連技術を取得していった。社外の技術シーズとしては，岩手大学は，トリアジンチオールの研究など化学的接合に関する技術シーズを有していた。T社は，長年に渡って多くの人・モノ・金をResearch（アイデア，技術シーズ探索，研究）に投資してきたと言える。その過程で，岩手大学，岩手県工業技術センター，岩手県庁といった支援組織やINSという人的ネットワークを活用してきた。

　したがって，この事例に関しては，「スマートフォン筐体」の開発と，その前提となる「金属と樹脂接合技術」の開発に分けて考察することとする。

　岩手県のT社の研究開発に関わる構想ができあがる前と後の主なプレイヤーは図表3.6.3，図表3.6.4のとおりである。

　岩手県のT社のオープンイノベーションに関わるPhaseごとの経営者の取引コストをSearch costとMonitoring costに分けて整理すると，図表3.6.5，図表3.6.6のように表すことができる。

　以下に図表3.6.5の内容を詳述する。

(1) 構想ができあがる前のResearchのPhaseにおけるM社長の経営者の取引コストは，T社にとってイノベーションの構想は，社外からの引き合いから作られたと言え，Search costはなかった。

(2) 構想ができあがった後のResearchのPhaseにおける経営者のコスト

図表3.6.3　構想ができあがる前，構想ができあがった後の主なプレイヤー（スマートフォン筐体）

「構想ができあがる前」のプレイヤー	経営者等	大手電機メーカーのスマートフォンの研究開発部署
	媒介者	なし
	外部資源	なし
「構想ができあがった後」のプレイヤー	経営者等	M社長，大手電機メーカーのスマートフォンの研究開発部署
	媒介者	なし（インターネット）
	外部資源	岩手県のT社

出典：岩手県のT社ヒアリングから著者作成。

図表3.6.4　構想ができあがる前，構想ができあがった後の主なプレイヤー（金属と樹脂接合技術）

「構想ができあがる前」のプレイヤー	経営者	M社長
	媒介者	岩手大学N教授
	外部資源	岩手大学N教授，Mo教授ほか
「構想ができあがった後」のプレイヤー	経営者	M社長
	媒介者	岩手大学N教授，岩手県庁O氏，K氏ほか
	外部資源	岩手大学N教授，Mo教授ほか

出典：岩手県のT社ヒアリングから著者作成。

は，大手電機メーカーのスマートフォンの研究開発部署とT社の共同研究により，T社の技術的蓄積を前提に防水の信頼性があるスマートフォンの筐体の開発を構想し，研究開発，製品開発を行うものであり，追加的な取引コストはSearch cost，Monitoring cost ともに小さかった。

(3) Development（プロジェクトチームによる研究開発）のPhaseにおける経営者のコストについても，上記と同様である。

図表3.6.5　岩手県のＴ社のオープンイノベーションに関わる Phase ごとの
経営者の取引コスト（スマートフォン筐体）

phase	経営者の取引コスト	
	Search cost	Monitoring cost
「構想ができあがる前」の Research （アイデア，技術シーズ探索，研究）	イノベーションの構想は，インターネットによる社外からの引き合いから作られた。 Search cost なし。	著名な大手企業であり，Monitoring cost は小さい。
「構想ができあがった後」の Research （アイデア，技術シーズ探索，研究）	これまでの技術的蓄積があり，追加の Search cost は小さい。	著名な大手企業であり，Monitoring cost は小さい。
Development （プロジェクトチームによる研究開発）	これまでの技術的蓄積があり，追加の Search cost は小さい。	著名な大手企業であり，Monitoring cost は小さい。
Market （販売と市場）	大手企業の製品の部品のため Search cost なし。	著名な大手企業であり，Monitoring cost は小さい。

出典：岩手県のＴ社ヒアリングから著者作成。

(4) Market（販売と市場）の Phase における経営者のコストについては，著名かつ販売実績を有する大手電機メーカーからの引き合いであり，Ｔ社としては Market に関わる取引コストは Search cost，Monitoring cost コストともに小さく済んだと言える。

なお，Ｔ社は，自社技術，自社技術による製品をさまざまな市場，企業に納入する努力を重ねてきており，この事例以外では Market に関わるコストを全面的に負担してきている。また，自社技術，自社技術の紹介を，コストをかけて自社のホームページで充実させたことが大手電機メーカーからの引き合いに結びついていると言える。

以下に図表3.6.6の内容を詳述する。

(1) 構想ができあがる前の Research の Phase における経営者のコストは，

図表 3.6.6　岩手県の T 社のオープンイノベーションに関わる Phase ごとの
　　　　　　経営者の取引コスト（金属と樹脂接合技術）

phase	経営者の取引コスト	
	Search cost	Monitoring cost
「構想ができあがる前」の Research （アイデア，技術シーズ探索，研究）	金属と樹脂の接合技術に関してイノベーションを起こすため，社内外からアイデア，技術シーズを探索するコスト。	大学教員は INS でつながっており Monitoring cost は小さい。
「構想ができあがった後」の Research （アイデア，技術シーズ探索，研究）	イノベーションの「構想ができあがった後」に，構想を具体化し，実現可能性を高めるため，社内外からアイデア，技術シーズを探索するコスト。	大学教員，行政職員は INS でつながっており Monitoring cost は小さい。
Development （プロジェクトチームによる研究開発）	開発開始後に，開発遂行に必要な情報（外部資金獲得に係る情報を含む）を探索するコスト。	大学教員，行政職員は INS でつながっており Monitoring cost は小さい。
Market （販売と市場）	新規技術のため，新規市場の Search cost。	新規顧客の Monitoring cost。

出典：岩手県の T 社ヒアリングから著者作成。

　　M 社長が負担した。M 社長は，メッキ技術や金属と樹脂の接合技術を
　継続的に研究開発する中で，INS の活動に積極的に参加し，他のメン
　バー，特に岩手大学の教員に触発されたという。
(2) 構想ができあがった後の Research の Phase における経営者のコスト
　は，M 社長が負担した。一部の研究開発については，岩手大学教員が
　基礎技術を提供しているほか，公設試験場の技術指導員，岩手県庁など
　産業支援担当の行政職員が Search cost の一部を支援している。これら
　の人々は，INS のメンバーでもあり，Monitoring cost コストは小さ

かった。

(3) Development（プロジェクトチームによる研究開発）の Phase におけ
る経営者のコストについても上記と同様である。

(4) Market（販売と市場）の Phase については，T 社は，自社技術，自社
技術による製品を個別営業，展示会出品，自社ホームページなどによ
り，さまざまな新規市場，新規顧客に納入する努力を重ねてきており，
Market に関わるコストを負担してきている。

3-6-3 オープンイノベーションに関わった人々と受けた支援

オープンイノベーションに関わる Phase ごとの支援

岩手県の T 社のオープンイノベーションに関わった支援を，スマート
フォン筐体の開発，金属と樹脂接合技術の開発に分けて整理すると，スマー
トフォン筐体に関しては支援組織等の支援は存在せず，図表 3.6.7，図表
3.6.8 のように表すことができる。

金属と樹脂接合技術に関しては，岩手大学，岩手県工業技術センター，岩
手県庁等が支援している。関わった人的ネットワークは INS，媒介者はその
メンバーである岩手大学教員や岩手県庁職員である。したがって，金属と樹
脂接合技術に関しては，支援組織等の貢献があった事例と言え，図表
3.6.9，図表 3.6.10 のように表すことができる。貢献の範囲として，構想が
できあがる前に「M 社長は岩手大学工学部の教員や INS に触発され研究開
発を進めてきた」点が特に注目される。

以下に図表 3.6.9 を詳述する。

(1) 構想ができあがる前の Research（アイデア，技術シーズ探索，研究）
の Phase においては，M 社長は岩手大学工学部の教員から金属と樹脂
の接合に関する基礎技術取得するとともに，INS に触発され研究開発を
進めてきたという。

図表 3.6.7　岩手県の T 社のオープンイノベーションに関わる Phase ごとの
　　　　　　支援（スマートフォン筐体）

phase	経営者の取引コスト	
	Search cost	Monitoring cost
「構想ができあがる前」の Research （アイデア，技術シーズ探索，研究）	負担なし。 大手電機メーカーからの引き合い。	負担なし
「構想ができあがった後」の Research （アイデア，技術シーズ探索，研究）	支援なし	支援なし
Development （プロジェクトチームによる研究開発）	支援なし	支援なし
Market （販売と市場）	支援なし	支援なし

出典：岩手県の T 社ヒアリングから著者作成。

(2) 構想ができあがった後の Research（アイデア，技術シーズ探索，研究）の Phase においては，岩手大学，岩手県工業技術センター，岩手県庁といった支援組織が長年にわたり T 社の技術開発を支援しており，INS の人的ネットワークが媒介することにより貢献している。

(3) Development（プロジェクトチームによる研究開発）の Phase においても，T 社の要素技術の背景には岩手大学が，品質評価等では岩手県工業技術センターが，ファンド獲得には岩手県庁が支援してきた経緯がある。これらに INS の人的ネットワークが媒介するなど貢献している。

(4) Market（販売と市場）の Phase に関わるコストは，T 社が全面的に負ってきたと考えられる。

　　T 社の一連の研究開発の取り組み，オープンイノベーションに対し

図表3.6.8　岩手県のT社のオープンイノベーションに関わるPhaseごとの
　　　　　支援組織, 人的ネットワーク, 媒介者の貢献 (スマートフォン筐体)

Phase	経営者の取引コスト	
	Search cost	Monitoring cost
「構想ができあがる前」の Research (アイデア, 技術シーズ探索, 研究)	支援組織貢献なし 人的ネットワーク貢献なし 媒介者貢献なし	支援組織貢献なし 人的ネットワーク貢献なし 媒介者貢献なし
「構想ができあがった後」の Research (アイデア, 技術シーズ探索, 研究)	支援組織貢献なし 人的ネットワーク貢献なし 媒介者貢献あり	支援組織貢献なし 人的ネットワーク貢献なし 媒介者貢献なし
Development (プロジェクトチームによる研究開発)	支援組織貢献なし 人的ネットワーク貢献なし 媒介者貢献あり	支援組織貢献なし 人的ネットワーク貢献なし 媒介者貢献なし
Market (販売と市場)	支援組織貢献なし 人的ネットワーク貢献なし 媒介者貢献なし	支援組織貢献なし 人的ネットワーク貢献なし 媒介者貢献なし

出典：岩手県のT社ヒアリングから著者作成。

　て, 支援組織, 人的ネットワーク, 媒介者は, 岩手大学の化学的接合に関する技術シーズを円滑に利活用することや, それらを基にした研究開発を行うための経費の一部をファンドにより調達を支援したと考えられる。T社と強い紐帯の関係にあった人々は, それぞれの組織や, INSという人的ネットワークに属しており, 情報交換, 互助の関係があったと考えられる。

　一般に人的ネットワークは弱い紐帯と強い紐帯を内包するが, INSは1987年から活動しており, 主要な会員は今や強い紐帯で結ばれていると言える。人的ネットワークを長く継続する意義のひとつは, 強い紐帯での結びつきを増やすことにあると考えられる。

　以上から, 岩手県のT社が行った研究開発について, 内部資源によるも

図表 3.6.9　岩手県の T 社のオープンイノベーションに関わる Phase ごとの
　　　　　　支援（金属と樹脂接合技術）

phase	経営者の取引コスト	
	Search cost	Monitoring cost
「構想ができあがる前」の Research（アイデア，技術シーズ探索，研究）	INS メンバーである大学教員ほかに触発され，支援を受け，INS の発展に貢献しながら，T 社も研究開発を進めてきた。	大学教員は INS でつながっており Monitoring cost は小さい。
「構想ができあがった後」の Research（アイデア，技術シーズ探索，研究）	岩手大学教員，公設試験場の技術指導員，岩手県庁など産業支援担当の行政職員が貢献。	INS でつながっているメンバーは Monitoring cost は小さい。
Development（プロジェクトチームによる研究開発）	岩手大学教員，公設試験場の技術指導員，岩手県庁など産業支援担当の行政職員が貢献。	INS でつながっているメンバーは Monitoring cost は小さい。
Market（販売と市場）	支援なし	支援なし

出典：岩手県の T 社ヒアリングから著者作成。

のと外部資源によるものを整理する。
　⑴ 内部資源によるもの
　　①金属と樹脂の接合に関する研究開発，製品開発を経営者が主導して継
　　　続してきたこと
　　②研究開発，製品開発の成果を，個別営業，展示会出品，自社ホーム
　　　ページなどで市場開拓してきたこと
　　③著名な大企業からスマートフォン筐体の開発の引き合いが来たときに
　　　対応できる，技術，コスト，納期などの力を有していたこと
　⑵ 外部資源によるもの
　　①大学からの金属と樹脂の接合に関する基礎技術の取得

図表3.6.10　岩手県のＴ社のオープンイノベーションに関わる Phase ごとの
　　　　　　支援組織，人的ネットワーク，媒介者の貢献（金属と樹脂接合技術）

Phase	経営者の取引コスト	
	Search cost	Monitoring cost
「構想ができあがる前」の Research（アイデア，技術シーズ探索，研究）	支援組織貢献あり 人的ネットワーク貢献あり 媒介者貢献あり	支援組織貢献あり 人的ネットワーク貢献あり 媒介者貢献あり
「構想ができあがった後」の Research（アイデア，技術シーズ探索，研究）	支援組織貢献なし 人的ネットワーク貢献なし 媒介者貢献なし	支援組織貢献なし 人的ネットワーク貢献なし 媒介者貢献なし
Development（プロジェクトチームによる研究開発）	支援組織貢献あり 人的ネットワーク貢献あり 媒介者貢献あり	支援組織貢献あり 人的ネットワーク貢献あり 媒介者貢献あり
Market（販売と市場）	支援組織貢献なし 人的ネットワーク貢献なし 媒介者貢献なし	支援組織貢献なし 人的ネットワーク貢献なし 媒介者貢献なし

出典：岩手県のＴ社ヒアリングから著者作成。

②経営者が INS に参加することによりイノベーションに関して多様な
　考え方に接して触発されたこと
③要素技術では岩手大学，品質評価等では岩手県工業技術センター，
　ファンド獲得には岩手県庁など，INS によって結びついた学官が支援
　してきたこと

　このように，岩手県のＴ社のオープンイノベーションに対しては，INS
によって結びついた大学，公設試験場，行政等の支援が見られるものの，基
本的には，岩手県のＴ社のアイデア，技術，販売力で実行されており，内
部資源がしっかりしていないとオープンイノベーションはうまくいかないと
の Chesbrough の指摘を例証していると考える。

オープンイノベーションに関わる人的ネットワーク

　岩手県のT社のオープンイノベーションに関わった人々の関係を，弱い紐帯と強い紐帯を意識して見ると，第1に，T社による一連の研究開発のプロジェクトチーム組成にあたっては，M社長の問題意識，出身大学である岩手大学の研究者や，公設試験場の技術指導員との交流，岩手県庁など産業支援担当の行政職員からの補助金獲得などの連携などの人間関係が起点となっている。これらの人的ネットワークは，INSの人的ネットワークに包含されている。第2に，大手電機メーカーのスマートフォンの研究開発部署は，インターネットによる技術調査によりT社の技術を見つけ，評価したもので，事前の面識はなかった。これらのオープンイノベーションのプロジェクトチームに関わった人々の関係をM社長，大手電機メーカーを起点とすると，図表3.6.11のように表現できる。

　本件のスマートフォンの筐体の開発の事例では，インターネットを介して大手電機メーカーと岩手県のT社がつながった。弱い紐帯として，インターネットの役割が重要との指摘がある。たとえば，TAMA協会では，技術シーズと製品ニーズのマッチングサイト「technonet-TAMA」をホームページ上で運営している[31]。これは，中堅・中小企業のホームページ上の技術情報を，大手企業の研究開発部門が調査して，引き合いがくることがあるとの経験を踏まえて作られた経緯がある。

　宮本［2017］は「（オープン・イノベーションに必要な）情報入手の経路に関しては，プラスに有意に作用する要因を取り出すと，（中略）インターネットからの情報は委託研究と受託研究に有意に作用する。いずれも狭い範囲の情報ではなく，遠くにつながる情報であり，オープン・ネットワークの重要性が確認できる。特にインターネットの効果が注目される。先に（中

31）　TAMA協会ホームページ　http://www.tamaweb.or.jp/archives/5033（2017年3月11日取得）。

図表 3.6.11　岩手県の T 社の M 社長を起点とするオープンイノベーション
　　　　　　ションに関わる人的ネットワーク

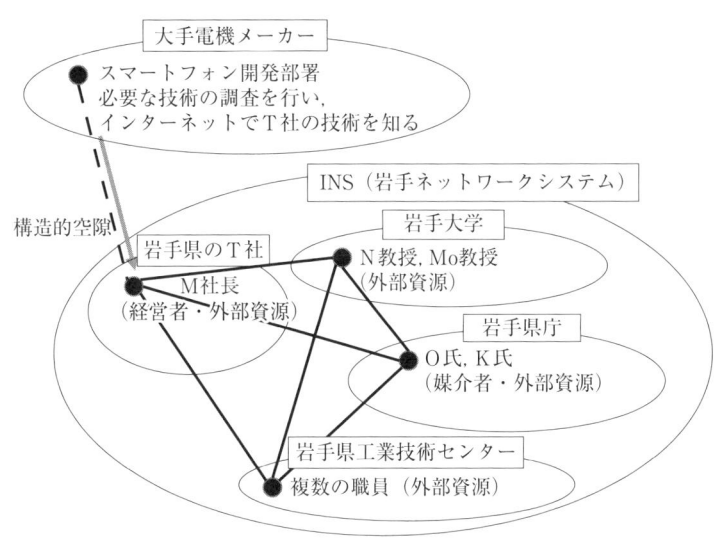

注：実線は強い紐帯，点線は弱い紐帯を表す。

出典：岩手県の T 社ヒアリングから著者作成。

（参考）オープンイノベーションに着手する前の人的ネットワーク

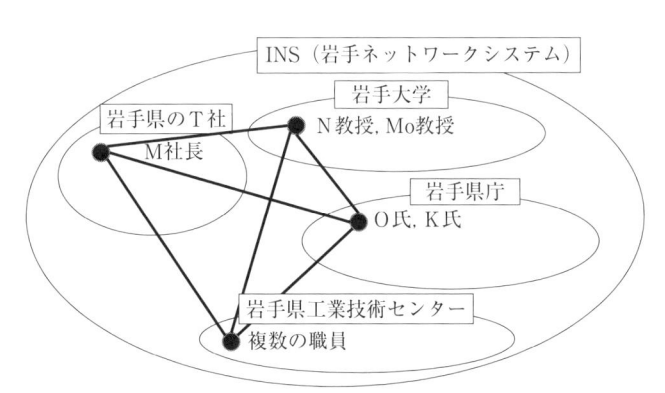

注：実線は強い紐帯，点線は弱い紐帯を表す。

出典：岩手県の T 社ヒアリングから著者作成。

略）示したように，受託研究の多くが大企業や外国企業からのものであることは，インターネットが寄与していると考えることができる」(p.179) としている。

3-6-4　事例から注目される事実

この事例から注目される事実を挙げる。

(1) 企業と大学との関係の変遷の 1 例がわかる。岩手大学と M 社長は 1975 年頃から関係があり，その内容は M 社長自身が岩手大学工学部卒業，工学部の研究室との付き合い，学生の採用などの関係という伝統的なものであった。1988 年の融合化法に基づく支援を契機に，岩手大学，岩手県庁などと産学官連携の付き合いを行うようになった。1980 年代半ばから米国の成功例を見て，国が大学との連携を進めだしたと感じたという。

(2) 企業が大学と公設試の利用をする際の目的の違いがある。岩手大学のシーズを得て技術開発をしている。実用化，企業との取引に向けて，信頼性や歩留まりを上げていく際に，岩手県工業技術センターの支援を受けている。ただし，本書の事例以外で，公設試の技術シーズで産学官連携が行われている例は多数存在する。

(3) 企業経営者の人的ネットワークへの積極的関わりの 1 例がわかる。M 社長は INS に積極的に関わった。INS に触発され，支援を受け，INS の発展に貢献しながら，T 社も研究開発を進めてきたという。先に見た昭和真空の事例でも，小俣社長が TAMA 協会の初期から関わっていたことが縁で結びついていた。企業経営者が人的ネットワークに積極的に関わることは，経営者の発想，マインドセットの転換や人的ネットワーク形成の一助になっていると考えられる。

(4) 弱い紐帯としてのインターネットの役割がある。この事例では，大手

電機メーカーのスマートフォンの研究開発部署がT社の金属と樹脂の接合技術を見いだした。自社技術，自社技術の紹介を，コストをかけて自社のホームページで充実させたことが大手電機メーカーからの引き合いに結びついたと言える。技術のマッチングにおけるインターネットの役割の重要性を，TAMA協会は認識し事業化しており，技術シーズと製品ニーズのマッチングサイト「technonet-TAMA」をホームページ上で運営している。これは，中堅・中小企業のホームページ上の技術情報を，大手企業の研究開発部門が調査して，引き合いがくることがあるとの経験を踏まえて作られた経緯である。宮本（2017）は，オープン・ネットワークへのインターネットの寄与の重要性を指摘している。

⑸　一般に人的ネットワークは弱い紐帯と強い紐帯を内包する。すなわち，中核となっている会員相互や，会員歴が長い人たちの関係は強い紐帯となるが，緩く関わっている人たちや会員歴が浅い人たちは弱い紐帯の関係である。INSは，岩手県という企業，大学，人口が多くない地域で，1987年から活動していることから，多くの会員や元会員は今や強い紐帯で結ばれていると言える。人的ネットワークを長く継続すると，強い紐帯での結びつきを増やすことがあると言える。

⑹　支援組織，人的ネットワークによる貢献の1例がわかる。T社の一連の研究開発の取り組み，イノベーションに対して，支援組織，人的ネットワークは，第1に，経営者のイノベーションに関わるマインドを触発する，第2に，大学の技術シーズを円滑に利活用する，第3に，それらを基にした研究開発を行うための経費の調達に関して支援するなどの貢献をしたと考えられる。

3-7　株式会社修電舎[32]

　本節では，株式会社修電舎が，食品残渣を短時間で発酵分解し，有機肥料へと転換する食品残渣等処理機器の技術，ノウハウ，市場を有していたところ，食品残渣を有機肥料に転換せずゴミの量を減らすことを求める市場が見込まれることから，経営者の探索努力の結果，活性酸素によってゴミの量を減らす技術を有するベンチャー企業を見つけ，食品残渣を有機肥料に転換せずゴミの量を減らす食品残渣等処理機器を研究開発し製品化した事例についてケーススタディを行った。

3-7-1　企業概要

　2017 年 1 月および 2 月，一瀬直行修電舎代表取締役（以下「一瀬社長」。1951 年生まれ），一瀬秀平専務ほかにインタビューを行った。修電舎の企業概要は，図表 3.7.1 のとおりである。

　修電舎は，1951 年，先代の一瀬房雄氏（現社長の父）が個人経営で創業し，同時に旭化成よりモーター，変圧器の巻替修理工場として指定を受けた。1962 年，法人に改め合資会社 修電舎を設立。1973 年，延岡市大武町鉄工団地に工場新築移転。1989 年，先代死去に伴い，一瀬直行氏が社長就任。承継時は，旭化成からの仕事がほとんどで，従業員 40 人規模であったという。2000 年頃から，既存事業はいずれ縮小すると考え，新規事業の種を探してさまざまな人を訪ね，生ゴミ処理機，福島の原発事故対策の汚水タンク用シーリングにも使用されたポリウエア防水コーティング，低温除湿乾燥機，顔認証による入出管理・防犯システム，電車用部品ユニット，池の浄化

---

32)　修電舎ホームページ　http://www.syudensya.co.jp/（2017 年 2 月 13 日取得）。

図表 3.7.1　修電舎の企業概要

商号	株式会社修電舎
代表者	一瀬直行社長
本社・事業所	宮崎県延岡市
事業内容	配電盤の設計施工，電気計装工事，精密板金加工・塗装，モーター・昇降機の設備保全，環境機器の製作・販売などを行う電気設備メーカー。
資本金	4500 万円
従業員数	86 人
売上（年商）	約 17 億円

出典：修電舎の経歴書，ヒアリングから著者作成。

装置などの新規事業に取り組んできているという。

　これらの取り組みの結果として，修電舎は，第1に，製造保全事業として，各種受配電盤・制御盤の設計製作およびプラント設備の保全・メンテナンスを行う。第2に，精密板金事業として，CAD/CAM の自動プログラミング，パンチング加工，ベンディング加工，溶接加工などの主要工程で，空調機器，配電盤，事務機器などの筐体ならびにその部品を製作する。製缶完了後は塗装やメッキ（外注）などの表面処理を行い完成させる。第3に，電気計装工事事業として，設計・施工・管理システム，各企業，官公庁の電気関連設備工事を行う。1級電気工事施工管理技士・第1種電気工事士など，有資格者による法令遵守工事施工体制で安全を提供する。熟練者の経験を受継ぐ技術継承・後継者育成にも努めており，これらの分野の技術を保有している。また，修電舎は，柱となる従来からの事業に加えて，プロジェクト推進事業として，同社のホームページにおいて「常に新しい事業に目を向け，自社全ての部門を終結し，工業，農業などの広い分野で活躍できる新しい設備，機器の開発と共に，全国に眠る単一商品の中で，実用，応用が困難な商品を自社独自の技術でアレンジした新商品化，システム開発を主に取り組んでおります。また，延岡市下三輪町を拠点に，ライスセンターを構え，お米

8町歩，ハウストマト栽培，畑作など自社の「有機肥料」を使用し，第一次産業に取り組んでいます」としている。

3-7-2　研究開発の概要

修電舎は，1990年代後半から，食品加工場，ホテル，大型複合施設等から出る食品残渣を短時間で発酵分解し，有機肥料へと転換するシステム（図表3.7.2, 3.7.3）をOEM生産（委託者ブランド名製造）し，機器の製造，メンテナンスは同社が行ってきた。次第にノウハウを蓄積し，また，委託者が食品残渣等処理機器事業から撤退するなどしたため，同社が食品残渣等処理機器事業を行うようになっていったという。

図表3.7.2　修電舎が開発・製造した食品残渣等処理機器

出典：2017年2月，著者撮影。

図表 3.7.3　修電舎が開発・製造した食品残渣等処理機器

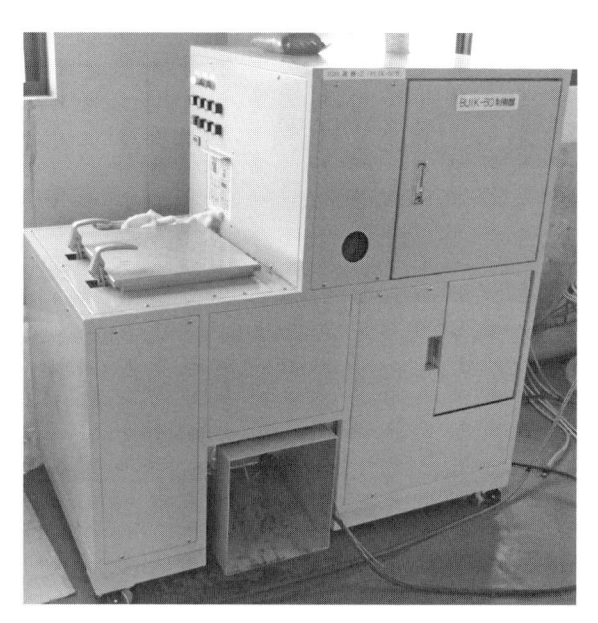

出典：2017 年 2 月，著者撮影。

　この技術を活用して，2015 年，国際協力機構（JICA）の委託事業を受けて，ベトナムの養殖エビ，ナマズ事業から輩出される漁業残渣を微生物で発酵分解し肥料・飼料を生成する実証事業を行い完成させた。この成果により，ベトナムで修電舎の食品残渣等処理機器に引き合いがあるという。

　日本国内やベトナムでは，食品残渣を発酵分解し有機肥料や飼料へと転換して利用する市場が主である。このような市場に対して，修電舎は既存技術，既存製品を有していた。

　他方，シンガポールなど海外市場によっては，有機肥料や飼料への転換ではなく，ゴミの量を減らすことを求める市場が存在する。このため，修電舎は，食品残渣等処理機器に関わるノウハウの蓄積のうえに，活性酸素によっ

図表 3.7.4　有機物減容装置

出典：修電舎ホームページから（2017 年 3 月 3 日取得）。

図表 3.7.5　有機物減容装置（内部）

出典：修電舎ホームページから（2017 年 3 月 3 日取得)。

図表 3.7.6　構想ができあがる前，構想ができあがった後の主なプレイヤー

「構想ができあがる前」のプレイヤー	経営者	一瀬社長
	媒介者	なし
	外部資源	なし
「構想ができあがった後」のプレイヤー	経営者等	一瀬社長，一瀬専務ほか
	媒介者	東京の大学の教員
	外部資源	ベンチャー企業（活性酸素によって食品残渣等を減容する技術を有する大企業から独立した研究者）

出典：ヒアリングから著者作成。

て食品残渣等を減容（容積や容量を少なく）する技術を導入して研究開発し，新製品（図表3.7.4，3.7.5）を製品化した。シンガポールからの受注に向けて営業中という。

　修電舎のオープンイノベーションに関わる構想ができあがる前と後の主なプレイヤーは図表3.7.6のとおりである。

　修電舎のオープンイノベーションに関わる Phase ごとの経営者の取引コストを Search cost と Monitoring cost に分けて整理すると，図表3.7.7の

図表 3.7.7　修電舎のオープンイノベーションに関わる Phase ごとの経営者の
　　　　　取引コスト

phase	経営者の取引コスト	
	Search cost	Monitoring cost
「構想ができあがる前」の Research（アイデア，技術シーズ探索，研究）	食品残渣等を肥料にするのではなく，減容することができないか考え，有望なアイデア，技術シーズなどの情報を探索するコスト。	社外経営資源を使っていないため，なし。
「構想ができあがった後」の Research（アイデア，技術シーズ探索，研究）	研究開発開始に必要な情報の Search cost。社外の研究開発パートナーの信用確認コスト。	社外の研究開発パートナーの Monitoring cost。
Development（プロジェクトチームによる研究開発）	研究開発遂行に必要な情報の Search cost。	探索した社外の研究開発パートナーの Monitoring cost。
Market（販売と市場）	市場調査などの Search cost。	社外経営資源を使っていないため，なし。

出典：修電舎ヒアリングから著者作成。

ように表すことができる。

　以下に図表 3.7.7 の内容を詳述する。

(1) 構想ができあがる前の Research の Phase については，修電舎は，1990 年代後半から，食品残渣等処理機器の製造，メンテナンスを行ってきており，ノウハウの蓄積があった。そのうえで，食品残渣等を有機肥料や飼料への転換ではなく，減容する（ゴミの量を減らす）イノベーションが起こせないかを考え，可能にする技術情報を探索し，活性酸素によって減容する方法を見つけ出した。これらの Search cost は基本的に経営者が負っていたと言える。

(2) 構想ができあがった後の Research の Phase における経営者の取引コ

ストについては，活性酸素によって食品残渣等を減容するという構想を実現可能にする技術を Ssearch した。その技術は，大企業から独立した研究者がベンチャー企業を作って開発，保有していた。一瀬社長は，東京の大学の工学系の教員の紹介で，その研究者と出会ったという。これらの Search cost は基本的に経営者が負っていたと言える。

なお，仮にこの研究者が大企業にとどまり，この技術が大企業の企業秘密とされていた場合には，東京の大学の教員はこの技術を知りえなかった可能性もある。Chesbrough［2003］（大前訳［2004］）が図表2.2.1 で示したように，大企業から技術を持って Spin out する研究者がオープンイノベーションの端緒となることがあり，この事例はそのひとつであるとも言える。

(3) Development（プロジェクトチームによる研究開発）の Phase におけるコストは全面的に修電舎が負っていた。そのうち，オープンイノベーションに関わる取引コストについては，社内と社外の研究開発パートナーで研究開発を進めるための Search cost，Monitoring cost があった。

(4) Market（販売と市場）の Phase におけるコストについては，修電舎，一瀬社長によって，シンガポールなど海外市場によっては有機肥料への転換ではなく，ゴミの量を減らすことを求める市場が存在することが見込まれていた。また，実際に開発，製造技術を確立し，受注・販売に向けて営業中である。

以上から，修電舎が行った研究開発について，内部資源によるものと外部資源によるものを整理する。

(1) 内部資源によるもの

　①食品残渣等処理機器に関する技術，ノウハウ

　②ゴミの量を減らすことを求める市場が存在することを見込んだこと

　③一瀬社長の外部資源を Search する知見，能力

(2) 外部資源によるものは

①活性酸素によって食品残渣等を減容する技術

②必要な技術がどこにあるかを広く知っている工学系の大学教員の知見

　このように，修電舎のオープンイノベーションは，基本的には，修電舎の一瀬社長のアイデア，技術，販売力で実行されており，内部資源がしっかりしていないとオープンイノベーションはうまくいかないとのChesbroughの指摘を例証していると考える。

3-7-3　オープンイノベーションに関わった人々と受けた支援

オープンイノベーションに関わるPhaseごとの支援

　修電舎のオープンイノベーションに関わるPhaseごとの経営者の取引コストへの支援は，図表3.7.8のように表すことができる。東京の大学の教員に，活性酸素によって食品残渣等を減容する技術を有するベンチャー企業・

図表3.7.8　修電舎のオープンイノベーションに関わるPhaseごとの支援

phase	経営者の取引コスト	
	Search cost	Monitoring cost
「構想ができあがる前」のResearch（アイデア，技術シーズ探索，研究）	支援なし	支援なし
「構想ができあがった後」のResearch（アイデア，技術シーズ探索，研究）	東京の大学の教員が，活性酸素によって食品残渣等を減容する技術を有するベンチャー企業・研究者を紹介	支援なし　ベンチャー企業・研究者のMonitoring cost は一瀬社長が負担
Development（プロジェクトチームによる研究開発）	支援なし	支援なし
Market（販売と市場）	支援なし	支援なし

出典：修電舎ヒアリングから著者作成。

図表 3.7.9　修電舎のオープンイノベーションに関わる Phase ごとの支援組織，人的ネットワーク，媒介者の貢献

Phase	経営者の取引コスト	
	Search cost	Monitoring cost
「構想ができあがる前」の Research（アイデア，技術シーズ探索，研究）	支援組織貢献なし 人的ネットワーク貢献なし 媒介者貢献なし	支援組織貢献なし 人的ネットワーク貢献なし 媒介者貢献なし
「構想ができあがった後」の Research（アイデア，技術シーズ探索，研究）	支援組織貢献なし 人的ネットワーク貢献なし 媒介者貢献あり	支援組織貢献なし 人的ネットワーク貢献なし 媒介者貢献なし
Development（プロジェクトチームによる研究開発）	支援組織貢献なし 人的ネットワーク貢献なし 媒介者貢献あり	支援組織貢献なし 人的ネットワーク貢献なし 媒介者貢献なし
Market（販売と市場）	支援組織貢献なし 人的ネットワーク貢献なし 媒介者貢献なし	支援組織貢献なし 人的ネットワーク貢献なし 媒介者貢献なし

出典：修電舎ヒアリングから著者作成。

研究者を紹介されたこと以外の支援は受けていない。支援機関，人的ネットワーク，媒介者の貢献はなく，図表 3.7.9 のように表すことができる。

オープンイノベーションに関わる人的ネットワーク

　このオープンイノベーションのプロジェクトチーム組成にあたっては，一瀬社長の問題意識，人的ネットワークが起点となり，修電舎社内の強い紐帯で結ばれた関係者と，弱い紐帯を介してつながった東京の大学の教員から，さらに弱い紐帯で外部資源である研究者につながった。一瀬社長は，新規事業を求めて，月に 3 回程度，東京に行くなど自ら情報収集を行ってきたとのことである。これらの関係は，図表 3.7.10 のように表すことができる。

図表 3.7.10　修電舎の一瀬社長を起点とするオープンイノベーションに関わる人的ネットワーク

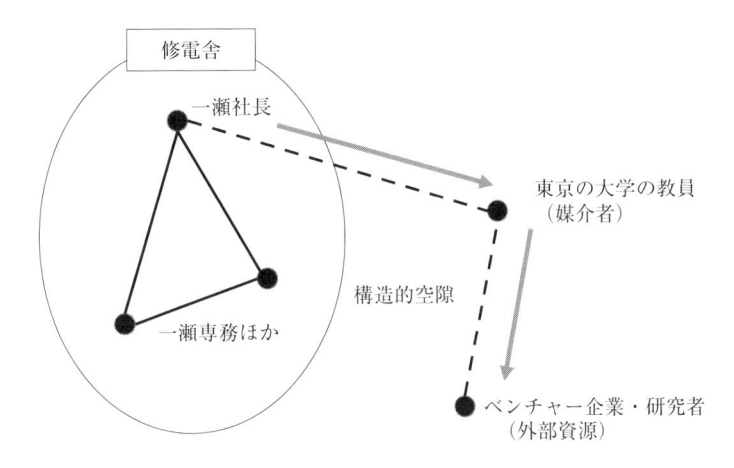

注：実線は強い紐帯，点線は弱い紐帯を表す。

出典：修電舎ヒアリングから著者作成。

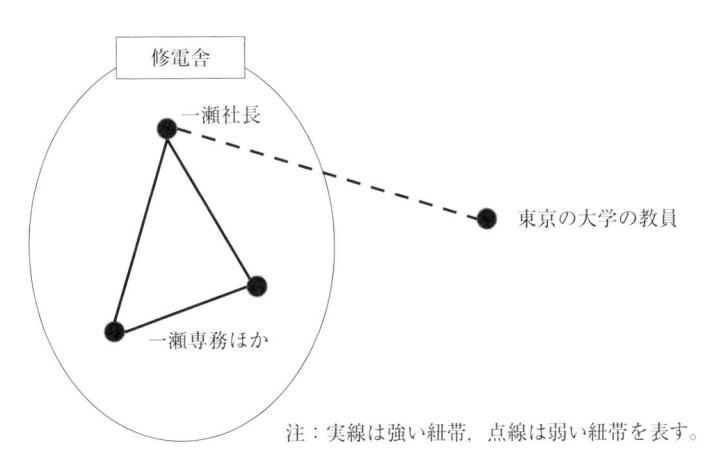

注：実線は強い紐帯，点線は弱い紐帯を表す。

出典：修電舎ヒアリングから著者作成。

一瀬社長は，2000 年頃から，新規事業の種を自ら探してさまざまな人を訪ねたといい，大きな Search cost を負担してきたと考えられるが，これまでのところ，宮崎県内の支援組織は利用していない。地元の取引先や，本社工場が所在する鉄工団地の仲間とは情報交換してきたが，この事例を含めて，行政や地元大学の支援組織に相談したり，支援を受けたりしたことはなかったという。したがって，この事例は，支援組織，人的ネットワークの貢献がなかった事例と言える（図表 3.7.9）。この事例が示すように，支援組織や人的ネットワークの介在なしでも中堅・中小企業主導でイノベーションは起こっている。なお，一瀬社長の努力で知り合った東京の大学の教員は，活性酸素によって食品残渣等を減容する技術を有する研究者を紹介する媒介者の役割を果たしている。

　今後については，一瀬社長は，地元の宮崎大学との連携も可能であれば行いたい。大学と共同研究することで，自社の実力を他社に説明しやすくなる効果も感じるという。

　なお，岩手県や TAMA 地域であれば，同社のように新規事業開拓に積極的な会社は，岩手県庁や関東通商産業局の御用聞き訪問の対象となり，2000年以降，支援組織の支援の申し出を受けたであろうと推察される。

3-7-4　事例から注目される事実

この事例から注目される事実を挙げる。
(1) 支援組織，人的ネットワーク，媒介者の介在なしでも中堅・中小企業の経営者の主導によってイノベーションは起こっている。
(2) 大企業から独立してベンチャー企業を企業した研究者の技術シーズに，一瀬社長は大学の教員の紹介で出会っており，大学教員が工学などの専門領域で技術マッチングを行う媒介者の機能があることがわかる。
(3) 大企業からの研究者の Spin out が中堅・中小企業のオープンイノベー

ションを促すことがあると言える。この事例では，研究者が大企業にとどまり，この技術が大企業の企業秘密とされていた場合には，東京の大学の教員はこの技術を知り得ず，オープンイノベーションが起こらなかった可能性がある。Chesbrough［2003］が図表 2.2.1 で示したように，大企業から技術を持って Spin out する研究者がオープンイノベーションの端緒となることがあり，この事例はそのひとつであるとも言える。

(4) 一瀬社長は，新規事業を求めて，月に 3 回程度，東京に行くなど自ら情報収集を行い，大きな Search cost を負担してきたと考えられる。中堅・中小企業がイノベーションに取り組む際の Search cost の大きさを示すひとつの例であると言える。

(5) 一瀬社長は，これまでのところ，宮崎県内の支援組織は利用していない。一瀬社長の情報収集の経験から，Search cost を東京での情報収集に振り向けたと考えられる。

(6) 一瀬社長は，今後については，地元の宮崎大学との連携も可能であれば行いたい。大学と共同研究することで，自社の実力を他社に説明しやすくなる効果も感じるとしている。中堅・中小企業の経営者が大学の力を借りたイノベーションに習熟することにより，多様な大学の多様な力を利用し，多様な貢献を得ることができるようになると考えられる。すなわち，産学官連携によるオープンイノベーションを行うには，橋本教授が指摘した大学教員のマインドセットの変更だけでなく，中堅・中小企業の経営者の慣れ，習熟，マインドセットの変更も必要であると考えられる[33]。

(7) 岩手県や TAMA 地域であれば，修電舎のように新規事業開拓に積極

---

33) 経営者，支援者のマインドセットについては，3-8-2「イノベーション支援に対するマインドセットの重要性」参照のこと。

的な会社は，岩手県庁や関東通商産業局の御用聞き訪問の対象となり，2000 年以降，支援組織の支援の申し出を受けたであろうと推察される。2000 年代以降，中堅・中小企業の経営者によるイノベーションは日本中，世界中で試みられてきたと考えられるが，支援組織の活動には地域差があったと考えられる。

(8) コーディネーターなどの職名で，支援組織で支援の実務を行う人たちも，一瀬社長のように Search cost を負担して，さまざまに動き，人的ネットワークを作り，情報を得なければ，中堅・中小企業経営者の Search cost の軽減に貢献することは難しいと考えられる。支援組織の職員やコーディネーター等に対して「出張などをあまりせず，オフィスに居るように」規則や予算で律したり，指導したりしている例を聞く。そのような運用では，支援組織が中堅・中小企業経営者に対して有意な支援をする力を持つことはできないと考えられる。

3-8　事例から注目される事実の小括

本節では，前節までに得られた「事例から注目される事実」を分類整理した。また，本書の事例から，中堅・中小企業の産学官連携によるイノベーションへの支援が行われるためには，経営者，支援者のマインドセットが重要であると考えられるため，経営者，支援者のマインドセットに関して「事例から注目される事実」を整理した。

3-8-1　事例から注目される事実の分類整理

前節までに得られた「事例から注目される事実」は，以下のように分類整理することができる。

1. オープンイノベーションは経営者が起こしている
   - 中堅・中小企業の産学連携によるオープンイノベーションは，経営者が，支援組織，人的ネットワーク，媒介者の介在なしでも起こしている。（河野ギター製作所，修電舎）
   - 中堅・中小企業がイノベーションに取り組む際のSearch cost は大きい。（修電舎）
   - 支援組織，人的ネットワークおよび媒介者の貢献は，範囲も深さも経営者が負担する取引コスト全体の一部に対するものである。（昭和真空）
   - 経営者に「構想」があれば，偶然の出会いによってオープンイノベーションを成し遂げ，製品の性能向上と，学術的な知見の両面で成果を挙げることがある。（河野ギター製作所）
   - 経営者がSearch cost を低減させる方法については，本書の事例から以下が確認できた。第1に，経営者による人脈づくり，人的ネットワークへの参加（昭和真空，京浜工業所，エイワ，岩手県のT社）。第2に，インターネットの利用（昭和真空，岩手県のT社）。第3に，支援組織および関連する人的ネットワークの貢献（昭和真空，京浜工業所，エイワ，岩手県のT社）。第4に，大学教員が工学などの専門領域でSearch cost の低減に貢献（河野ギター製作所，修電舎）。第5に，偶然の出会いによりSearch cost を低減させた事例（河野ギター製作所）もあった。

2. 構想ができあがる前後に共通すること
   (1) オープンイノベーションは基本的に経営者が起こすものであるが，支援者が重要な貢献をしている事例もある。（昭和真空，京浜工業所，エイワ，岩手県のT社）
   (2) オープンイノベーションは社内研究開発などの内部資源がしっか

りしていないとうまくいかないとの Chesbrough の指摘[34] は本書
の各事例でも検証された。(全体)

(3) 経営者と支援者の信頼関係がなければ支援は成立しない
　　・経営者と支援者の強い信頼関係がオープンイノベーションを促
　　　進させることがある。信頼関係を作らずに、いきなりビジネス
　　　を共同で行うことはできず、仮に行ってもうまくいかない。(京
　　　浜工業所、KNS)

(4) 支援組織、人的ネットワーク、媒介者の支援の中心は、構想がで
　　きあがった後の Research の Phase の経営者の Search cost を低減
　　することである。(全体)

3. イノベーションの構想ができあがる前
　(1) 経営者が人的ネットワーク参加、支援機関利用でメリットを得る
　　　ことがある
　　　・「産学官の人的ネットワーク」に参加した企業人から「視野が広
　　　　がったことが自分にとって大きい」「産学官の人的ネットワーク
　　　　に触発されて研究開発を進めてきた」といった感想があった。
　　　　(TAMA 協会、岩手県の T 社)
　　　・内田副社長は、橋本教授からナノレベルの微細加工をやってみ
　　　　ないかと勧められたという。研究開発の動機、方向性について
　　　　考えていた内田副社長は、橋本教授から触発され、重要なヒン
　　　　トを与えられた。(京浜工業所)
　　　・経営者が人的ネットワークに積極的に関わることで人的ネット
　　　　ワークが形成される。(昭和真空、岩手県の T 社)
　　　・企業は、大学のシーズを得て技術開発をすることがある。(岩手

---

34)　Chesbrough［2003］(大前訳［2004］) p.199。

県のT社）

- ・経営者が，人的ネットワークの支援により，直接の面識がなかった人の技術シーズを使ってオープンイノベーションを起こすことがある。（エイワ，INS）

(2) 優れた支援者は経営者に大きなメリットを与える

- ・構想ができあがる前のマインドセットの転換，動機づけを工学系の大学教員などの支援者が行うことがある。（京浜工業所，岩手県のT社）

(3) 経営者も支援者もマインドセットの変更が必要

- ・大学がオープンイノベーションに参画する際に必要なマインドセットは，第1に，大学のシーズ重視ではなく中小企業のニーズ志向であること，第2に，まずは，大学教員と中小企業の経営者等との信頼関係を築くこと，第3に，補助金・共同研究に取り組む前に，信頼関係構築，ニーズ把握が重要であること。（橋本教授）

- ・工学などの知見を有する大学教員は，潜在的にオープンイノベーションを支援する能力を有しているが，マインドセットの変更が必要である。重要なマインドセットは，第1に，大学のシーズ oriented ではなく，中小企業のニーズ oriented であること。そのために，まず経営者と信頼関係を築くこと。第2に，長年にわたって，期限を切ることなく経営者と付き合い続けるマインドになることが重要である。（橋本教授）

- ・支援者は，経営者と一度関係性を有したら，一生付き合うマインドであることが必要である。（橋本教授，KNS）

- ・支援組織を利用することに習熟した企業は，大学のシーズを得て技術開発をすることがある。実用化，企業との取引に向けて信頼性や歩留まりを上げる等は公設試の支援を受けることがあ

る。（岩手県のT社）
- 中堅・中小企業の経営者の慣れ，習熟，マインドセットの変更も，支援組織等の支援を受けたオープンイノベーションを行うために必要である。（修電舎）

4. イノベーションの構想ができあがった後
  (1) 経営者は支援組織等を利用してメリットを得ることがある
   - 経営者から構造的空隙の先にある外部資源に，人的ネットワークのいくつかの強い紐帯を経由してつながることがある。（エイワ，INS）
   - 構造的空隙の先の外部資源に，強い紐帯の連鎖でつながると，経営者の Search cost，Monitoring cost は軽減される。（エイワ，INS）
   - 大学教員は，工学などの専門領域で技術マッチングを行う媒介者の機能がある。（修電舎）
   - 昭和真空の事例では媒介者の役割を果たした松永氏は，京浜工業所の事例ではサポイン事業の運営を支援する外部資源として機能している。同一人物でも異なる役割を果たすことがある。（昭和真空，京浜工業所）
  (2) 優れた支援者は経営者に大きなメリットを与える
   - 優れた媒介者は，イノベーションを含むビジネスモデル全体を見通して対応する力，情報探索力，人的ネットワークを有し，経営者の Search cost，Monitoring cost の低減に貢献する。（橋本教授，松永氏）
   - コーディネーターなど支援組織で支援の実務を行う人たちも，Search cost を負担して，さまざまに動き，人的ネットワークを作り，情報を得なければ，経営者に貢献することは難しい。支

援組織の職員やコーディネーター等に対して「出張などをあまりせず，オフィスに居るように」規則や予算で律したり，指導したりしているする運用では，有意な支援をする力を持つことはできない。（修電舎）

(3) 個人の信頼だけでなく組織，属性などに対するマクロ信頼も助けになる。

・大学教員の専門分野における知見や大学教員としてのマクロ信頼により，民・民による交渉だけよりも，大企業をオープンイノベーションに参加させやすいことがある。（京浜工業所，橋本教授）

・大学の支援機関というマクロ信頼が，市場の Search cost を低減させることがある。（産技大知的財産センター）

・国の助成を受けたプロジェクトというマクロ信頼が，中堅・中小企業のオープンイノベーションへの大企業の参加を支援することがある。（京浜工業所，橋本教授，サポイン事業）

・外部資源を Search する際に，大学教員は，公表された論文等によって検索されることがある。オープンイノベーションに必要な外部資源は，営業秘密によって隠された企業のノウハウ等である場合もあるが，特許，工業技術関係の学会，論文，大学教員などのデータベースなど公開された情報も使いうる。ただし，最終的には，経営者が個別面談のうえで，技術的知見，信頼できる人柄か等を確認して決めるなど，Search cost, Monitoring cost を負う必要がある。（昭和真空）

・サポイン事業は，オープンイノベーションを行うことが申請要件となっているとともに，中堅・中小企業が行うオープンイノベーションに大企業や大学を参加させることを促進する効果があると考えられる。（京浜工業所）

(4) その他の人的ネットワークの効果

・行政職員の短期間での人事異動によって産学官連携がうまくいかないという問題があるとの指摘があるが，個人の参加，コミットをベースとした人的ネットワークが経営者から行政へのアクセスを確保し，この問題を解決することがある。エイワの事例では，2001 年から本書執筆時（2017 年）までの長期間にわたり，産学官連携プロジェクトを行政がフォローしている。（エイワ，INS）

・一般に人的ネットワークは弱い紐帯と強い紐帯を内包する。人的ネットワークを長く継続すると，強い紐帯での結びつきを増やす。（INS）

(5) インターネットの効果

・松永氏は，公開された情報，特に，どのような学会，研究会で活動しているかをインターネットなどで調査し，群馬大学の荘司教授を含む 3 大学，3 名の教員を候補として抽出した。（昭和真空）

・弱い紐帯として，インターネットの役割が重要である。（岩手県の T 社，TAMA 協会，宮本 [2017] の川﨑の企業調査分析）

・自社技術，自社技術の紹介を，コストをかけて自社のホームページで充実させたことが大手電機メーカーからの引き合いに結びついた。（岩手県の T 社）

(6) 大企業からの研究者の Spin out の効果

・大企業からの研究者の Spin out が中堅・中小企業のオープンイノベーションを促すことがある。研究者が大企業にとどまり，技術が大企業の企業秘密とされる場合には，起こりえるオープンイノベーションが起こらない可能性がある。Chesbrough [2003]（大前訳 [2004]）が図表 2.2.1 で示したように，大企業

から技術を持って Spin out する研究者がオープンイノベーションの端緒となることがある。（修電舎）

5. その他
- 1980 年代後半までは，企業と工学部などの大学の関係は，卒業生，工学部の研究室との付き合い，学生の採用などの関係という伝統的なものであった。1980 年代後半以降，米国の成功例を見て，国が大学との連携を進め，たとえば，岩手大学，岩手県庁，岩手県の企業による産学官連携が始まった。（岩手県の T 社，INS）
- 企業は，大学のシーズを得て技術開発をすることがある。実用化，企業との取引に向けて信頼性や歩留まりを上げる等は公設試の支援を受けることがある。（岩手県の T 社）
- 2000 年代以降，中堅・中小企業の経営者によるイノベーションは日本中，世界中で試みられてきたと考えられるが，支援組織等の活動には地域差があった。（修電舎）

3-8-2　経営者，支援者のマインドセットの重要性

本書の事例から，中堅・中小企業の産学官連携によるイノベーションへの支援が行われるためには，経営者，支援者のマインドセットが以下のように重要であると考えられる。

まず，経営者のマインドセットは，①既存事業はいずれ縮小するという社業の先行きへの危機意識，②新規事業を開拓するための勉強，情報探索を厭わない姿勢，が重要であると考えられる。

次に，支援者のマインドセットは，①大学のシーズ重視でなく，企業のニーズ志向，②産学官連携に取り組む前に，信頼関係構築，ニーズ把握が重要であるという認識，③イノベーション支援の仕事に興味を持ち，長期にコ

ミットすること，が重要であると考えられる。

　以下，上記の要旨について順次詳細に見ていく。

(1) 経営者のマインドセットに関して

　①京浜工業所の内田副社長と産技大の橋本教授の強い絆が形成された背景を見ると，「今のままでは既存の売上は行き詰まると考えたので，産学連携で新製品を開発しようと考えた」「都立高専の経営塾の塾長をしたり，中小企業家同友会の産学交流委員をしたりし，2008 年，産技大の『ものづくり専門講座』に通った。その担当が橋本教授であったため親交を深めることができた」といった内田副社長の社業の先行きへの問題意識とそのための勉強を厭わない姿勢がある。また，何かしなければならないと考えていたところに，橋本教授から「ナノレベルの微細加工をやってみないか」と勧められたといい，内田副社長は，方向性を示されて後押しされたと感じたと考えられる。

　②岩手県の T 社の M 社長は，人的ネットワークである INS に積極的に関わった。「INS に触発され，支援を受け，INS の発展に貢献しながら，T 社も研究開発を進めてきた」という。M 社長による一連の研究開発の取り組み，イノベーションに対して，支援組織，人的ネットワーク，媒介者は，経営者のイノベーションに関わるマインドを触発し，大学の技術シーズを円滑に利活用し，それらを基にした研究開発を行うための経費の調達に関して支援するなどの貢献をしたと考えられる。

　③修電舎の一瀬社長は，2000 年頃から，既存事業はいずれ縮小すると考え，新規事業の種を自ら探してさまざまな人を訪ね，生ゴミ処理機，福島の原発事故対策の汚水タンク用シーリングにも使用されたポリウエア防水コーティング，低温除湿乾燥機，顔認証による入出管理・防犯システム，電車用部品ユニット，池の浄化装置などの新規事業に取り組んできた。一瀬社長は，これまでは支援組織を利用してこなかったが，今後については，「地元の宮崎大学との連携も可能であれば行いたい。大学

と共同研究することで，自社の実力を他社に説明しやすくなる効果も感じる」としている。中堅・中小企業の経営者が大学，大企業など外部の力を借りたイノベーションに習熟することにより，多様な外部資源の力を利用することができるようになると考えられる。産学官連携によるイノベーションを行うには，中堅・中小企業の経営者の慣れ，習熟，マインドセットの変更も必要であると考えられる。

⑵　支援者のマインドセットに関して

①産技大の橋本教授は，2008年から産学官連携支援に長年コミットした結果として到達した支援に関する明確な考えを持っていた。(a)大学のシーズ重視でなく，中小企業のニーズ志向，(b)最初に，大学教員と中小企業の経営者等との信頼関係構築が必要，(c)産学官連携の補助金・共同研究に取り組む前に，信頼関係構築，ニーズ把握が重要である，ということがわかったという。橋本教授の「産学連携というと，補助金をもらって共同研究することに目がいきがちだが，その前段の中小企業とお近づきになる段階のほうがたいへんだ」という言葉は，「大学教員が中小企業とお近づきになったうえで，産学連携で補助金をもらって共同研究すると，前段階はたいへんだけれども非常に良い成果を上げることが可能」とも解することができると考える。

　この考え方は，KNSが自らを「直接にビジネスや共同研究開発を行う主体ではなく，ビジネス，研究，共同プロジェクトが生まれる基になる人的ネットワークである」とし，人間関係を作らずに，いきなりビジネスを共同で行うことはできず，仮に行ってもうまくいかないと考えていること，および，一度関係性を有したら一生付き合うことを会員に求めていることとも共通している。

　橋本教授は，優れた研究者としての実績・知見に加えて，産学官連携支援に真剣にコミットした結果として得た明確な考え方，支援に関する知見，人的ネットワークを有していたために，京浜工業所のイノベー

ションに対して多様かつ大きな貢献をすることができたと考えられる。産学官連携が成功するための要因のひとつとして，支援組織の役職を担っている大学教員のマインドセットが重要と考えられる。

②松永氏が中堅・中小企業の産学官連携によるイノベーション貢献をする動機を見ると，(a)定年後も収入があること，(b)仕事に興味が持て，企業に役立ち評価されたときの達成感，(c)大手メーカーの現役の技術者の業務よりも負担が軽いことから，定年後の仕事に向いていると考えていること。このような仕事の仕方を許してくれる TAMA-TLO という支援組織が世の中にあることも重要だと考えていることがある。産学官連携が成功するための要因のひとつとして，支援組織の役職員のマインドセットが重要と考えられる。

③エイワが参加したプロジェクトは2010年度の文部科学省の助成を受けた事業であるが，前段階のプロジェクトの形成，後段階の新規事業の立ち上げまでを考えると2001年から本書執筆時（2017年）現在も進行中のプロジェクトであると考えられる。この間，県庁職員には人事異動があり，職務として本件に関わるべき役職にある行政官は交代している。しかし，INS は個人参加，個人のコミットであるため，佐々木社長からは，県庁のフォローが必要な場合は，黒澤氏ら INS の会員である知り合いの県庁職員を介して，県庁ほか必要な支援組織に強い紐帯でアクセスすることが継続的に可能となっている。行政の頻繁かつ短期の人事異動によって，産学官連携がうまくいかないことがあるとの指摘があるが，INS および INS に参加している行政官のマインドセットの変化は，この問題への解決法のひとつを提示していると考えられる。

第 4 章
オープンイノベーションを支援する支援組織等の役割

　本書の目的は，まず，2000 年代以降取り組まれてきた中堅・中小企業の産学官連携によるオープンイノベーションの現状はどうか，課題は何か。次に，中堅・中小企業の産学官連携によるオープンイノベーションを多く起こそうとする政策立案者や支援組織等の当事者の意図は実現されたのか。イノベーション支援組織がその期待される役割を果たすために必要な条件は何かについて考察することである。本章では，第 3 章までの調査・考察を踏まえて，本書の目的（リサーチクエスチョン）について，中堅・中小企業のオープンイノベーションを支援する支援組織，人的ネットワーク，媒介者の役割に焦点を絞りながら考察し，オープンイノベーションを支援する支援組織等がその期待される役割を果たしてきたのか，役割を果たすにはどうすればよいのか考察し，イノベーション支援組織等が役割を果たすために必要な条件を示す。

4-1　中堅・中小企業のオープンイノベーションの現状と課題

　製造業において，現状の仕事は次第にまたは何らかの契機に急激に減少することが一般的であり，存続できている企業は，何らかの新規事業を開拓（イノベーション）し続けているので存続できていると言える。中堅・中小企業の総数に比較して，支援組織が支援した企業数は少ない。中堅・中小企

業は何らかのイノベーションを行っているが，一般には，経営者が独力で行っていると考えられる。

修電舎の一瀬社長の事例では，経営者自身がイノベーションの全体構想を作り，探索すべき外部資源の技術的スペックを定義し，Search cost をかけて research して，目的の外部資源を見つけ出した。宮崎県では，修電舎はイノベーションに熱心で成功事例の多い中小企業として著名である。このことは，中堅・中小企業は，一般には，修電舎の一瀬社長のように構想したり，Search cost をかけて外部資源を探索したりしてイノベーションを行ってはいないことを推察させる。経営者が，独力で，自分の人的ネットワークで可能な範囲でイノベーションするのが，中堅・中小企業の一般的な状況であると推察される。

以上から，中堅・中小企業のイノベーションの現状は，何らかのイノベーションを行っているが，経営者が，独力で，自分の人的ネットワークにより可能な範囲で行っているのが一般的な状況[1]である。そのうえで，現状に安住していては先行きが厳しいという経営者の危機意識と努力によって，産学官連携によるものを含む挑戦的なイノベーションも行われていると考えられる。これらは，基本的に経営者がコスト負担して行っている。すなわち，支援組織等の支援を受ける事例であっても，支援は全体の一部にとどまり，ほとんどのコストを経営者が負担して行っていると考えられる。

中堅・中小企業のオープンイノベーションの課題は，第1に，中堅・中小企業は人材など社内の経営資源が限られており，イノベーションを行おうとするとオープンイノベーションを行わざるをえない場合が多いこと。第2に，オープンイノベーションを行おうとすると，第2章で考察した4つの

---

1) 多くの経営者が，日頃から他社の内部情報を含んだ技術情報を集める努力をしている。たとえば，岩手県庁の佐々木淳氏（2017 年現在，岩手県科学 ILC 推進室長）によれば，INS に長期に参加している企業同士では，他社がどのような技術を有しているか相互によく知っているとのことである。

Phase において，Search cost，Monitoring cost を負担しなければならない
ことである。

　このような課題を解決する政策的な手段として，「イノベーション支援組
織」「産学官の人的ネットワーク」等が作られてきた。次節では，支援組織
等が期待された役割を果たすために必要な条件を考察する。

4-2　イノベーション支援組織等が役割を果たした事例の分析

　本節では，第3章のケーススタディから，まず，イノベーション支援組織
等が役割を果たした事例における支援内容を分析する。次に，外部資源の
Research に関して媒介者が支援の鍵となる役割を果たすことがあることか
ら，媒介者が機能する条件を考察する。

4-2-1　イノベーション支援組織等の支援内容

　第3章3-8節で事例から注目される事実を小括した。イノベーション支援
組織が期待された役割を果たした事例においては，
　①経営者と支援者の信頼関係が前提となっている
　②支援組織，人的ネットワーク，媒介者の支援の中心は，構想ができあ
　　がった後の Research の Phase の経営者の Search cost を低減すること
　　である
　③支援組織等の貢献は，経営者の構想ができあがる前の Research の
　　Phase と，構想ができあがった後の3つの Phase では支援内容の性質
　　が異なっている
ことがわかった。
　このうち，第3のオープンイノベーションにおける経営者の構想ができあ

がる前の Research の Phase と，構想ができあがった後の 3 つの Phase にお
ける支援内容の性質の違いについて以下に詳述する。

(1) 構想ができあがる前の Research の Phase では，経営者が広くアイデ
アや技術を知る[2]とともに，経営者自身や社内で考え抜くことが重要で
ある。前者については，大学や企業で開発されている技術を幅広く知る
機会を得ること，後者については，相互信頼関係がある外部資源との濃
密なコミュニケーションによって内部情報を一部開示しながらディス
カッションすることが，経営者にヒントを与えたり，思考をまとめる助
けになったりすることがある。

　本書の事例では，①内田副社長が橋本教授から精密加工の示唆を受け
た事例，②岩手県の T 社の M 社長が INS メンバーである岩手大学の教
員から触発された事例，③本書のケーススタディではないが，スタック
電子の田島会長が TAMA 協会に参加して「視野が広がったことが自分
にとって大きい」と感想を述べた事例[3]がこれに該当する。これらの事
例について，金井 [1994] のネットワークのタクソノミー（図表
2.4.1）のフォーラム型とダイアログ型という 2 つの類型のどちらに該
当するか考察すると，第 1 に，橋本教授は，中小企業への支援を行う前
に経営者と信頼関係を作ることが必要だというマインドセットを持って
おり，橋本教授が長を務める産技大の支援組織はダイアログ型に該当す
ると考えられる。第 2 に，岩手大学の教員と岩手県の T 社の M 社長は
INS に積極的に参加し，相互信頼関係を築いており，この場合の INS
の機能はダイアログ型に該当すると考えられる。また，橋本教授も INS

---

2) Chesbrough [2008]（長尾訳 [2008]）の「同じパートナーだけと結びついている
と外部の情報に対して閉じられ，イノベーションは窒息する。Granovetter [1985]
のいう弱い結びつき，異なる情報源へのアクセスを作ると良い」(p.301, 302) という
指摘が重要である。

3) 吉田 [2015] p.99。2012 年，TAMA 協会 第三期評価委員会の場での発言。

も勉強会，研究会を盛んに行っており，フォーラム型の機能も果たしていると考えられる。

経営者のオープンイノベーションの構想ができあがる前の Research の Phase の Search cost の低減には，①経営者が広くアイデアや技術を知るためにはフォーラム型の支援組織が貢献しうる。②経営者が考え抜く際のディスカッションの相手としては，ダイアログ型の支援組織が貢献しうる。一般に，オープンイノベーションの文脈でダイアログ型の支援組織を作るためには，優れた支援者による長期の努力が必要であり容易ではない。したがって，構想ができあがる前の Research の Phase で経営者の思考をまとめる場面での支援実績がある支援組織は優れた支援組織であると考えられる。なお，金井［1994］も「現実のネットワーキング組織には，純化された理念型の諸要素が混在している」（p.341）としているように，現実の産学官の人的ネットワークは，フォーラム型，ダイアログ型の両方の理念型の要素が内包されつつ運営されている[4]。

(2) 構想ができあがった後の 3 つの Phase では，経営者は，必要な技術等のうち自分で調達できないものは，Search cost をかけて research[5]し，相手人物が信頼できるか否か確認し，使用させてくれるよう交渉し，共同してイノベーションを進め，ビジネスモデルを実現することとなる。この Phase での Search は「どこにあるのか，そもそもこの世に存在するのかもわからないものを探索する」こととなる。他方，「その技術的スペックは定義されている」という性質を有している。

本書の事例のうち，経営者と強い紐帯で結びついた媒介者の事例，すなわち，昭和真空と松永氏，京浜工業所と橋本教授の事例では，中堅・中小企業の経営者と強い相互信頼関係で結びついたうえで，構造的空隙

---

4)　INS，KNS など主要な人的ネットワークは，繰り返しのコミュニケーションによる相互信頼関係を重視するとともに，勉強会，研究会を盛んに行っている。

5)　経営者が，Search cost を低減させる方法については，第 3 章 3-6 節参照のこと。

の外にある外部資源の Search に貢献している。経営者は，外部資源の Search を依頼するにあたっては，営業秘密（trade secret）の一部を開示せざるを得ないことが多いため，媒介者に依頼する場合には，媒介者を信頼できることが前提となる。したがって，媒介者に求められる資質は，

　①経営者と強い紐帯，相互信頼関係で結びつくこと

　②技術的スペックが定義された外部資源の Search に貢献すること

と言える。また，優れた媒介者は Market の Phase の Search にも貢献している。媒介者の条件に関わる考察は，4-2-2 項に詳述する。

4-2-2　外部資源の Research に関して媒介者が機能する条件

　Coleman［1990］（久慈訳［2004］）は，信頼に関して「信頼に足る人の場合は信頼を置く方が大きな利益をもたらし，信頼に値しない人の場合は信頼を置く方が状態を悪くする。信頼した結果がわかるまでにタイムラグがある」（pp.158-160）とし，「信頼する側が直面する諸要素は，合理的行為者が賭けを行うかどうかを決断する際に採用する考慮にほかならない」（pp. 160-161）としている。媒介者が外部資源の Research に貢献しうる条件は，まず，経営者が媒介者を信頼でき，次に，媒介者が経営者に貢献できることであると言える。

　経営者が媒介者を信頼できるかについては，経営者が媒介者の信用情報を Search して決断し，その後も Monitoring cost を負担することととなる。経営者が媒介者を何らかの根拠で信頼できることが重要である。

　第 2 の媒介者が経営者に貢献できることについては，

　①媒介者が経営者にもたらすメリットの期待値が大きいこと

　②媒介者に依頼することに関わる経営者の取引コストが小さいこと

が重要である。

　①のメリットの期待値が大きいことについては，(a)必要な研究者や技術の所在を調査する能力があること，(b)多様な企業，研究者など外部資源の候補を知っていることなどが重要となる[6]。②の取引コストについては，(a)経営者が媒介者に支払う金銭などの直接的対価，(b)経営者が媒介者に自らが取り組もうとしているイノベーションについて説明するコスト（時間，理解させる手間など），(c)媒介者が探索するのを，経営者が待つ時間などがある。

　以上の媒介者となる条件を本書のケーススタディに当てはめて確認すると，TAMA-TLO の松永氏は，経営者が媒介者を信頼できることについては，TAMA-TLO の職務に長期間コミットすることにより，ダイアログ型支援組織・産学官連携の支援組織の事務局の立場で経営者と強い紐帯の関係となっていた。媒介者が経営者に貢献できることについては，横河電機で研究開発，営業，品質管理などを歴任した職歴から，スペックが定義された技術等の情報探索力を有していた。

　経営者が媒介者を信頼できることについて，産技大の橋本教授は，産技大が中小企業の困りごとに貢献するには，まずは経営者との人間関係を作ることが必要だというマインドセットをもっていて，経営者と強い紐帯で結びついた。媒介者が経営者に貢献できることについては，橋本教授が，優れた研究者として技術情報，企業情報，研究開発への取り組み方の知見を有していたことから，技術等の情報探索力を有していたといえる。

　また，経営者が媒介者に依頼する際に，同一の人的ネットワークに所属していれば Monitoring cost は低減する。人的ネットワークに参加している媒介者は，多様な企業，研究者など外部資源の候補を知りやすい。支援組織が単独で存在するよりも，岩手県の事例のように人的ネットワークと連携して活動するほうが，支援組織がより機能するという経験則[7]と，本節の考察は

---

6)　この文脈では，Burt［1992］の情報収集を効率的に行うネットワーク形成の考え方に関わる議論も有益である。

整合的である。人的ネットワークは，媒介者の条件を身につけようとする支援組織の役職員に対して教材と人的ネットワークを提供し，媒介者を育成する機能もあると考えられる。また，非常に優れた媒介者は，人的ネットワークを創り運営することがある。日本各地の人的ネットワークの中核には，優れた媒介者の存在が認められる。経営者自身も，日頃から他社の内部情報を含んだ技術情報を集める努力をしている。これは経営者自身が，媒介者としての機能を高める努力をもしていることを意味している。事実，経営者にとって，他社の経営者が有力な媒介者たりうることは広く知られている[8]。

　なお，経営者は媒介者に探索を依頼する場合であっても，自らも並行して探索する事例が多い。経営者の探索は探しやすいことから始められ，次第に時間や費用がかかる探索に移行していき，限界費用が逓増していくと考えられる。したがって，経営者は探索しやすい探索は自ら行いつつ，媒介者に探索を依頼することがあると考えられる[9]。

---

7)　第2章2-1節で，岩淵［2005］は，「岩手大学と県庁から危機感を持った人たちが自然発生的に集まり，議論してINSが発足した。地域共同研究センターを設置するには，3件程度だった実績を20件以上に増やさなければならず，大学だけでは無理だった」（p.20）としている。その後，INSに参加した意識の高い経営者，大学教員，県庁職員などの有志のコミュニケーションにより，支援組織である岩手大学地域共同研究センターの利用実績を年間20件以上に増やすことに成功した。

8)　たとえば，TAMA協会に参加している東成エレクトロビームの上野社長（当時）は，「広域強者連合　ファイブテックネット」と称して，媒介者として，異種業のネットワークを組み，各社の強みを連携し，連合体を構築し，共同提案・共同受注を目指している（出典：東成エレクトロビームホームページ　http://www.tosei.co.jp/company/business_03.html　2017年8月6日取得）。

9)　第3章3-2-4項で既述したように，昭和真空の事例では，昭和真空は研究開発型企業であるため，本業の関連技術，関連研究者などの高度な知見を有していた。松永氏は，昭和真空の本業以外の関連技術，関連研究者に関わる情報探索に貢献している。

4-3　事例に見る支援組織等の役割と役割を果たす条件

　本節では，まず，外部資源の Research に関して，本書の事例を，支援組織，人的ネットワーク，媒介者の支援の有無で分類し，支援組織，人的ネットワーク，媒介者が役割を果たす条件を考察する。次に，その考察の結果を，イノベーション支援組織等が役割を果たす条件を，経営者が支援組織の役職員を信頼できると判断しやすいこと，経営者が支援組織やその役職員に支援を依頼するメリットがあること，取引コストが小さいことといった要素に分けて示す。

4-3-1　事例に見る支援組織，人的ネットワーク，媒介者の役割

　本書の事例を支援組織等による支援の有無で場合分けすると，図表3.1.1および図表4.3.1の「支援の有無」の欄のように支援組織，人的ネットワーク，媒介者の支援の有無は8通りに場合分けできる。この場合分けごとに本書の事例を整理すると，経営者と外部資源の結びつきは図表4.3.1の右欄のように表すことができる。一部のケースでは，経営者は媒介者を通じて外部資源と結びついている。

　図表4.3.1の第1，第3のケースでは支援組織は機能している。第1，第3のケースともに，媒介者による貢献が支援の中核である。典型的な支援は，経営者と外部資源の間を強い紐帯の連鎖でつなぐことである。これは，経営者と，経営者がまだ持っていない情報を持っている人とを，小さなSearch cost，Monitoring cost で結びつけるという支援であり，大きな貢献であると言える。第1のケースでは，媒介者の行動を人的ネットワークが支援していると考えられる。第3のケースでは，「産学官の人的ネットワーク」として形作られた組織は存在しないが，媒介者は存在し，媒介者の人的ネッ

図表 4.3.1　イノベーション支援組織等の支援の有無と経営者と外部資源の結びつき

	ケース	支援の有無		媒介者	経営者と外部資源の結びつき
		イノベーション支援組織	産学官の人的ネットワーク		
イノベーション支援組織が機能している	1	○	○	○	昭和真空　高橋社長，高橋技術本部長―――TAMA 協会―――TAMA-TLO 松永部長………荘司　群馬大学教授 昭和真空　高橋社長，高橋技術本部長―――TAMA 協会―――TAMA-TLO 松永部長―――ワッティ㈱ 京浜工業所　内田副社長―――橋本教授―――石島前学長―――TAMA-TLO 井深前社長―――TAMA-TLO 松永部長 エイワ　佐々木社長―――INS メンバーの黒澤氏ら県庁職員―――岩手大学から東北大学に異動した千葉教授 岩手の T 社の M 社長―――岩手大学 N 教授，Mo 教授，岩手県庁 O 氏，K 氏
	2	○	○	×	
	3	○	×	○	京浜工業所　内田副社長―――――橋本教授―――――越水准教授，舘野准教授，村尾助教（いずれも当時）
イノベーション支援組織が機能しない	4	○	×	×	
経営者が自助努力している	5	×	○	○	
	6	×	○	×	
	7	×	×	○	河野ギター　櫻井社長………岡村教授―――岡村教授の共同研究者 修電舎　一瀬社長………東京の大学教員………活性酸素によって食品残渣等を減容する技術を有する研究者
	8	×	×	×	河野ギター　櫻井社長………岡村教授 岩手の T 社の M 社長……インターネット……大手電機メーカーのスマートフォン開発部署

出典：各社ヒアリングから著者作成。

トワークが産学官の人的ネットワークと同様の機能を有しているケースであると解される。

　第2のケースは本書の事例にはないが，基本的に経営者が自助努力する中で，支援組織が主催するフォーラム型の人的ネットワークに参加して新しい技術等を学んだり，支援組織のファンドを得てオープンイノベーションを行ったりするなど，個別支援は行われていないが，個別支援以外の支援に関して支援組織が機能したケースと考えられる。このケースも支援組織は機能している。

　第4のケースは，支援組織は存在するが，支援が行われていないケースである。

　第5から第8のケースは経営者が自助努力しているケースで，第5，第6のケースは，経営者が人的ネットワークに参加し，自己資金で産学官連携による共同研究開発を行うなどのケースである。第7のケースは，経営者と信頼関係を構築した人が媒介者の役割を果たすケースである。第8のケースは，いずれの支援も受けなかったケースである。既述したように，中堅・中小企業のイノベーション全体の中では一般的と考えられる。

　以上のように，イノベーション支援組織が機能しているかに着目すると，支援組織が機能しているケース，イノベーション支援組織が機能しないケース，経営者が自助努力しているケースの3つのケースに分けることができる。

　第4のケースの中に「なぜ，多くの支援組織およびその役職員は，経営者に貢献できないのか」という本書のリサーチクエスチョンの重要な一部への答えがあるはずである。その状況を考察すると，次の4つのケースが挙げられる。

⑴　支援組織の役職員に媒介者の機能を果たす者がいないケースである。
　　具体的には，地域に「産学官の人的ネットワーク」があってもそれに参加しない。地域に「産学官の人的ネットワーク」がない場合に，自分か

ら企業や大学教員に積極的に関わって人的ネットワークを作ることをしない。イノベーションに関して知識，意欲，経験がなく，長く在籍しても知識，経験が蓄積されない。イノベーションに向けた協働活動にコミットしない。経営者が頼みごとをしてもなかなか返事をしてこないなど，前述の媒介者が機能する条件を満たさないケースが考えられる。

(2) 支援組織は存在し，イノベーション支援の助成メニュー（補助金，出資，融資など）の仕組みを有し実施しているが，役職員がイノベーションに積極的に関わろうとする姿勢ではないケースである。申請があれば事業要項に照らして審査し，基準を満たせばファンドを出すといった要請主義的，官僚的な仕事ぶりになっているなどにより，経営者等から利用されないケースが考えられる。

(3) 支援組織の役職員に長期にコミットできる者がいないケースである。媒介者となるための知識，経験を蓄積する時間を持てず，経営者や大学教員などのイノベーションの担い手に対して，中長期に協働していくことをコミットできないため，貢献することができない。長期にコミットできない理由としては，行政からの出向者であれば人事異動で，任期付き採用職員であれば任期で役職から離れるため，数年しかその職にいないことが決まっているなどが考えられる。

一般に，イノベーションを含むビジネスモデルが初期投資等による累積損失を解消して黒字化するまで，特に，工業・ものづくり系では多くの年数を必要とすることが多い。エイワの事例では，2001 年から本書執筆時（2017 年）までの長期間にわたり，産学官連携プロジェクトを行政がフォローしている。数年しかその職にいないのでは，どのように優秀な人でも，オープンイノベーションを支援することは困難と言える。

(4) 支援組織の役職員が情報探索したり，人的ネットワークを作ったりすることを自ら抑制しているケースである。コーディネーター[10]等を含む

役職員に対して「出張などをあまりせず，オフィスに居るように」規則や予算で律したり，指導したりしている例を聞く。そのような運用では，支援組織に媒介者を持つことは困難であると考えられる。

2000 年代に作られた支援組織で現存しないものは，運用経費を得られなくなって廃業したケースが多いと考えられるが，その要因のひとつとして地域のステークホルダーからの評価が得られず，行政や民間からのファンドを継続的に得られなかったことが考えられる。地域での評価が得られなかった理由は，イノベーション支援の結果が出なかった，費用対効果が評価されなかった等が考えられるが，上記のようなケースでは地域での評価を得ることは困難であったであろうと考えられる。

4-3-2　イノベーション支援組織等が役割を果たす条件

先行研究レビュー，ケーススタディを踏まえて，イノベーション支援組織が期待された役割を果たすために必要な条件を考察する。考察にあたっては，まず「なぜ，経営者は独力でイノベーションを行い，支援組織を利用しないのか」，次に「なぜ，多くの支援組織，およびその役職員は，経営者に貢献できないのか」という 2 当事者からの視座に分けて考察する。

なぜ，経営者は独力でイノベーションを行い，支援組織等を利用しないのか
「なぜ，経営者は独力でイノベーションを行い，支援組織を利用しないのか」という問いについては，前述の媒介者が機能する条件に関わる考察を応用できる。①信頼，②メリットの期待値，③依頼することに関わる取引コストである。

---

10)　コーディネーターという役職が多くの支援組織に見られる。本書の媒介者の機能を含む役割が期待された役職であると考えられる。ただし，コーディネーターという役職にある人たちが，本書の媒介者の条件を満たしている保証はない。

①の信頼については，経営者が支援組織の役職員を信頼するための Monitoring cost を小さくする必要がある。また，経営者が必要があれば支援組織を利用しようというマインドセットを持つことも重要である。

②のメリットの期待値については，

  (a) 技術調査のため，必要な研究者や技術の所在を調査する能力があること，多様な企業，研究者など外部資源の候補を知っていること

  (b) イノベーション支援のため，研究開発の進め方，ファンドの情報，ファンド獲得のノウハウ情報などを知っていること

などが必要である。

③の依頼することに関わる取引コストについては，

  (a) 経営者が支援組織に支払う金銭などの直接的対価が過負担でないこと

  (b) 経営者が支援組織の役職員に自らが取り組もうとしているイノベーションについて説明するコスト（時間，理解させる手間など），支援組織が探索する間，経営者が待つ時間その他の依頼することに伴う取引コストを小さくすること

などが必要である。

上記の①②③により，経営者にとって支援組織を利用することにメリットがあり，かつ，経営者自らが同じことを行うよりも依頼したほうがよいと考える状態を作ることが支援組織が利用されるための条件となる。支援組織がその条件を満たすためには，経営者に貢献する力を研鑽するとともに，4-2-3項の支援組織が機能しないケースで考察した「イノベーション支援組織が機能しないケース」に該当しないよう努めることが必要であると言える。

これらを平易に言い換えると，経営者が支援組織やその役職員に支援を依頼する条件は，

  (1) 支援組織の役職員が，長期に支援にコミットし，周囲の評判も良いなど，経営者が信頼できると判断しやすいこと

  (2) 研究者情報，技術情報などに詳しく，必要な技術，研究者，パート

ナー企業候補などを見つけ出し，提案してくれる。研究開発の進め方，
助成金情報，助成金獲得ノウハウなどに詳しく，適切なものをいろいろ
な引き出しからすぐに取り出して教えてくれる。など，経営者が支援組
織やその役職員に支援を依頼するメリットがあること

(3) 経営者が支援組織やその役職員に支援を依頼する取引コストが小さい
こと

　　具体的にはコンサルタント料が中堅・中小企業にとって支出できない
ほど高額でない。経営知識，技術知識があって，経営者との会話がス
ムーズで飲み込みが早く，一度言ったことは覚えているなど，コミュニ
ケーションを取りやすい。仕事がスピーディで，報告・連絡・相談がま
めである，など

と言える。

なぜ，多くの支援組織，およびその役職員は，経営者に貢献できないのか

「なぜ，多くの支援組織，およびその役職員は，経営者に貢献できないの
か」については，4-2-3項の支援組織が機能しないケースで考察した。貢献
するための条件の要旨は，

①経営者と相互信頼関係を結ぶことである。このためには，支援組織の役
職員のマインドセットも重要であること

②支援組織の役職員が，要請主義的，官僚的な仕事ぶりではなく，経営者
の要望を受け止め，対応することである。特に，経営者のオープンイノ
ベーションの構想ができあがる前の Research の Phase の Search cost
の低減に貢献するためは，ダイアログ型支援組織である必要があること

③スペックが定義された技術等の Research に貢献する能力を研鑽するこ
と

である。

　本書のケーススタディにおける典型的な支援は，経営者と外部資源の間を

強い紐帯の連鎖でつなぐことであった。これは，経営者と，経営者がまだ持っていない情報を持っている人とを，小さな Search cost，Monitoring cost で結びつけるという支援であり，効用が高い。このような経営者が高い効用を得られるような支援ができるように研鑽を積む必要がある。このようなオープンイノベーション支援は，経営指導や融資といった従来の中小企業支援策等とは異質であり，別に習得する必要がある。

習得する方法としては，

①外の人的ネットワークを積極的に作り，外の情報に接すること

②長期間，イノベーション支援にコミットすること

③産学官の人的ネットワークに積極的に参加すること

が有用であると考えられる。

「イノベーションの支援組織」が単独で存在するよりも，「産学官の人的ネットワーク」と連携して活動するほうが，支援組織がより機能することは岩淵［2005］が指摘する岩手大学の事例などで経験的に知られてきたが，本書の媒介者の条件に関わる考察からも裏づけされたと考える。既述したように人的ネットワークは，媒介者を育成する機能があると考えられるので，経験年数の浅い支援組織の役職員は，上記の研鑽を積むとともに，産学官の人的ネットワークに積極的に懇親会を含め参加して，経営者や大学教員などイノベーションの担い手と相互信頼関係を作る（ダイアログ型の人的ネットワークを作る）べきであると言える。

なぜ，民間・市場に任せないで支援組織等を作るのか

中堅・中小企業がオープンイノベーションを行う際に，支援組織等の支援を受けることもできるが，民間のコンサルタント会社等から必要な情報を買うなどの対応もできる。このことは，支援組織等の機能の一部は，情報を売買する民間のコンサルタント会社等と機能が同じであることを示していると言える。後者が市場の中の経済活動として成立しているのに対し，前者は公

的部門，大学，産業団体などのパブリック，非営利を基本とする活動である。また，人的ネットワークと民間のコンサルタント会社等の活動を比較すると，前者が共通理念を持ったボランティアの活動によって情報を流通させたり，人をつないだりしているのに対し，後者が情報・信用を，対価を得て売買するところが異なっている。

　なぜ Search，Monitoring を市場に任せないで，支援組織，人的ネットワーク，媒介者といったパブリック，非営利の組織にも行わせるのか，それは必要なのか，民業圧迫ではないのかという論点については，議論が分かれるところである。この議論を深めることは本書の対象ではないが，なぜ2000年代以降，政策当局者が支援組織，人的ネットワーク，媒介者を作ってきたかという経緯を振り返ると，第1に，シリコンバレー模倣策（Cloning Silicon Valley）を，日本を含めた世界各地で志向した経緯がある。シリコンバレーでは，ベンチャー・キャピタル（VC）を中心とするコンサルタント，弁護士事務所等が市場の中で収益を上げる経済活動として成立したのに対し，米国の他の地域を含む各国のシリコンバレー模倣策は，市場の中で収益を上げる経済活動として継続的には成立せず，公的部門の支援や共通理念を持ったボランティアの活動も必要であった。第2に，地域産業支援策，中小企業支援策には，従来から日本を含む各国において，公的部門の支援や関係ボランティアの活動が容認されてきており，その政策の延長として各種のイノベーション支援事業，支援組織が作られてきた経緯があると考えられる。

　中堅・中小企業のオープンイノベーション支援を民間コンサルタント会社が受託すると，手間もかかり，期間も数年以上かかるので高コストとなる。中堅・中小企業は高額のコンサル料は支払えない場合が多いことが想定される。他方，民間コンサルタント会社が中堅・中小企業のオープンイノベーションに関わるコンサルタント等を志向すると，採算が取れない場合が多いことが想定される。このように，市場原理に委ねると，中堅・中小企業の

オープンイノベーションは，支援すればコスト以上のメリットを社会にもたらす可能性があるにもかかわらず支援されないという市場の失敗が起こりうる。これを補完するのが支援組織等であると考えることができる。

　中堅・中小企業のオープンイノベーションに関わるコンサルタント等を志向した人たちの中には，支援組織に就職したり，支援組織から委託を受けてコーディネート業務を行ったりしている人もおり，支援組織に雇用されるコンサルタントも重要であると考えられる。また，現役を退いたシニア人材が支援組織に就職したり，支援組織から委託を受けてコーディネート業務を行ったりしている例が各地の支援組織で見られる。本書の松永氏の事例[11]のように，金銭など外発的モチベーションだけではなく，内発的モチベーションによって中堅・中小企業のオープンイノベーションの支援が行われれば，市場の失敗を補完すると考えることができる。

イノベーション支援組織等が役割を果たす条件

　経営者，支援組織の役職員という2当事者の視座からの以上の考察を，内容によって整理すると次の図表4.3.2のように表すことができる。

---

11)　第3章3-2-3「支援者への追加インタビュー　―TAMA-TLOの松永氏―」の項を参照。

図表4.3.2　イノベーション支援組織等が役割を果たす条件

項　　目	イノベーション支援組織等が役割を果たす条件
経営者が支援組織の役職員を信頼できると判断しやすい	・長期に支援にコミットし，周囲の評判も良いなど，経営者が支援組織の役職員を信頼できると判断しやすい。 ・経営者，支援組織の役職員のマインドセットも重要である。
経営者が支援組織やその役職員に支援を依頼するメリットがある	・研究者情報，技術情報などに詳しく，必要な技術，研究者，パートナー企業候補などを見つけ出し，提案してくれる。 ・助成金情報，助成金獲得ノウハウなどに詳しく，適切なものをいろいろな引き出しからすぐに取り出して教えてくれる。 ・経営者と，経営者がまだ持っていない情報を持っている人とを強い紐帯の連鎖でつなぐ。 ・経営者がオープンイノベーションの構想を作る前の試行錯誤のPhaseで，ディスカッションの相手役になり，視野を広げたり，ヒントを与えたり，勇気づけたりする。 　上記のメリットを経営者に提供するため，以下を習得する必要がある ・技術的スペックが定義された外部資源のResearchに貢献する能力を研鑽する。 ・外の人的ネットワークを積極的に作り，外の情報に接する。 ・長期間，イノベーション支援にコミットする。 ・産学官の人的ネットワークに積極的に（懇親会まで）参加して，経営者や大学教員などイノベーションの担い手と相互信頼関係を作る。
経営者が支援組織やその役職員に支援を依頼する取引コストが小さい	・要請主義的，官僚的な仕事ぶりではなく，経営者の要望を受け止め，対応する。 ・経営知識，技術知識があって，経営者との会話がスムーズで飲み込みが早く，一度言ったことは覚えている。 ・仕事がスピーディで，報告・連絡・相談がまめである。 ・コンサルタント料が中堅・中小企業にとって支出できないほど高額でない。
支援組織を機能させるマネジメント	・経営者にメリットを提供し，経営者の取引コストが小さい人を，支援組織の役職員として採用，人選する。 ・役職員が経営者にメリットを提供するための知見・能力の向上を支援し，阻害しない。 ・要請主義的，官僚的な仕事ぶり，報告・連絡・相談をまめにし

	ないなど，経営者の取引コストを大きくするような業務態度を許容しない。 ・人事異動や任期で役職員を数年で替えない。長期にイノベーション支援にコミットさせる。 ・コーディネーター等を含む役職員に対して「出張などをあまりせず，オフィスに居るように」規則や予算で律したり，指導したりしない。
どのような場合に優れた支援組織であると言えるのか	・媒介者の役割を果たすことができる人がいて，長期にイノベーション支援にコミットしている。 ・構想ができあがる前の Research の Phase で支援実績がある。 ・Market の Phase で支援実績がある。 ・オープンイノベーションの 4 つの Phase を一貫して支援した実績がある。

出典：各社ヒアリングから著者作成。

終章
要約と今後の課題

終-1　要約

終-1-1　オープンイノベーション，ビジネスモデル，外部資源，媒介者の関係

　オープンイノベーションは，経営者がビジネスモデルを考え，それが社内の経営資源だけでは実現できないときに始まる。

　経営者が考えたビジネスモデルに外部資源が必要な場合，経営者はその外部資源を search する。その外部資源のスペックは，ビジネスモデルによって定義されているため，その外部資源に該当する経営資源が世の中に存在するか否かもわからない場合であっても，どのような外部資源が必要かはビジネスモデルができた時点で経営者にとって明らかになっている。

　ビジネスモデルを実現するために必要な外部資源を見つけ，パートナーとなり，ともにビジネスモデルを実現して得られる利益の期待値が，ビジネスモデルを実現するための取引コストの期待値よりも大きければ，経営者はその外部資源を saerch することが合理的となる。本書では，その search には，経営者が自らの努力で行う場合と，経営者が媒介者に search を依頼し，媒介者が重要な役割を果たす場合があることを発見した。事例の分析から，外部資源とともにビジネスモデルを実現するための取引コストには，外部資

源を探す search cost と外部資源が機会主義的行動をとらないか監視する monitoring cost があることを明らかにした。

　経営者自らの紐帯・人的ネットワークだけでは search の範囲は限られるので，外部資源に到達する可能性も限られる。媒介者を通せば search の範囲が広がるので，外部資源に到達する可能性も高まる。しかし，可能性を高めるメリットと引き替えに，媒介者に関わる取引コストを支払わなければならない。媒介者に関わる取引コストにも，媒介者を探す search cost と，媒介者が機会主義的行動をとらないか監視する monitoring cost がある。媒介者の紹介で必要な外部資源を見つけ，パートナーとなり，ともにビジネスモデルを実現する場合も，上記と同様に外部資源とビジネスモデルを実現するための取引コストを支払わなければならない。

　経営者から外部資源に至る人的ネットワークは，経営者と外部資源が直接1つの紐帯で結ばれる場合や，媒介者を通じて複数の紐帯で結ばれる場合がある。経営者がビジネスモデルを実現するための取引コストには，経営者と外部資源との間の紐帯の強さや弱さが影響する。1つまたは複数の弱い紐帯で結ばれた場合は，外部資源やそれに至る媒介者を探す search cost と，外部資源や媒介者が機会主義的行動をとらないかを監視する monitoring cost からなる取引コストは高くなる。1つまたは複数の強い紐帯の連鎖で結ばれた場合は，上記の search cost と monitoring cost からなる取引コストは低くなる。弱い紐帯と強い紐帯が混じった紐帯の連鎖で結びついた場合は，他の条件が一定であれば，前2者の中間になる。本書では，ケーススタディから，経営者と外部資源との構造的空隙を埋めるパターンとして，第1に経営者本人による場合，第2に弱い紐帯の媒介者による場合，第3に強い紐帯の媒介者による場合の3つのパターンがあることを発見した。

　本書では，経営者と外部資源が弱い紐帯，強い紐帯のネットワークで結びつくというネットワーク論と，結びつきのための取引コストを考察する取引コスト・アプローチを組み合わせることで，オープンイノベーション，ビジ

ネスモデル，外部資源，媒介者の関係を考察する新たな枠組みを提示することができた。先行研究では議論が及んでいない紐帯の弱さ，強さが経営者の取引コストに影響するという事実を，事例の分析から発見した。

また，オープンイノベーションは社内研究開発などの内部資源がしっかりしていないとうまくいかないとの Chesbrough の指摘[1]を本書の各事例で検証した。経営者と工学系の大学教員が強い紐帯で結びつくには，両者のマインドセットが重要であることも事例から明らかとなった。

終-1-2　中堅・中小企業のオープンイノベーション，ビジネスモデルに対してイノベーション支援組織等が果たした役割

経営者がビジネスモデルを考え，必要な外部資源を search し，オープンイノベーションを外部資源であるパートナーとともに実行し，利益を上げるという過程には，構想ができあがる前の Research，構想ができあがった後の Research，Development，および Market という 4 つの phase があることを事例の分析から発見した。イノベーション支援組織，産学官の人的ネットワーク，媒介者などの支援組織等は，この 4 つの phase のおのおのでその役割を果たす可能性がある。

構想ができあがる前の Research は，経営者が，社内外からのアイデアや技術シーズを Research し，思考を深め，試行錯誤してビジネスモデルを構築する phase である。アイデアや技術シーズの Research は，従来のビジネスの延長で考えられる場合もあるが，経営者にとって何が新たなビジネスモデルの構築に結びつくかわからない暗中模索のプロセスになる場合もある。この phase では，支援組織等が行う技術展示会，セミナーなども経営者の Research の一助になっていると考えられる。工学系の大学教員が技術シーズを提供した事例もあった。

---

1)　Chesbrough［2003］（大前訳［2004］）p. 199。

経営者のビジネスモデル構築のための思考，試行錯誤に関しては，優れた工学系の大学教員が，研究開発の動機，方向性について触発したり，産学官の社外の人たちとの会話が視野を広げたりした事例があった。貢献した工学系の大学教員は，優れた技術，見識を有していた。いずれの事例も，その経営者と支援者は強い紐帯で結びついていた。

　イノベーションの構想ができあがった後の Research，Development，および Market という 3 つの Phase は，ビジネスモデルに基づいてオープンイノベーションを実行する Phase であり，構想ができあがる前の Research に比べて目標は明確である。

　構想ができあがった後の Research における支援組織等の貢献は，本書の 6 事例中 5 事例で見られた。中堅・中小企業のオープンイノベーションに対する支援組織等による一般的な支援は，経営者の構想ができあがった後にスペックが定義された技術等の Research に貢献することであることを発見した。事例から確認できた事実は，支援組織等に属する媒介者が介在して，経営者から構造的空隙の先にある外部資源に，人的ネットワークのいくつかの強い紐帯を経由してつながることがある。大学教員は，工学などの専門領域で技術マッチングを行う媒介者の機能がある。優れた媒介者は，イノベーションを含むビジネスモデル全体を見通して対応する力，情報探索力，人的ネットワークを有し，経営者の Search cost，Monitoring cost の低減に貢献する。個人の信頼だけでなく大学，支援組織等といった組織，属性などに対するマクロ信頼も助けになる。弱い紐帯として，インターネットの役割が重要である。などの事実である。

　Development の phase では，経営者と外部資源とでビジネスモデルに基づいて開発が行われる。支援組織等や所属する媒介者が開発資金のファンド獲得の取引コストの低減に貢献した事例があった。大企業からの研究者の Spin out が中堅・中小企業のオープンイノベーションを促した事例もあった。

Marketのphaseでは，優れた工学系の大学教員が，製品購入候補者となる大手企業をオープンイノベーションのプロジェクトチームに加えることに貢献した事例があった。受注型企業が自社製品を開発する場合，自らが得意とするMarket以外の新たなMarketに売り込まなければならないので，支援組織等が貢献する余地はあるはずであるが，本書の調査では1事例でしか観察されなかった。

以上の支援組織等が果たした役割を，終-1-1項の議論の整理に基づいて要約すると，第1に，経営者がビジネスモデルを考えることに貢献すること。第2に，経営者を，ビジネスモデルを実現するために必要な外部資源に結びつけること。第3に，経営者と必要な外部資源を，できるだけ強い紐帯の連鎖で結びつけることにより，取引コストを低く抑えること，であると整理できる。

終-1-3　イノベーション支援組織等が役割を果たすための条件

上記の支援組織等が果たした役割の整理から，支援組織等が，中堅・中小企業のオープンイノベーションを支援するという役割を果たすための条件は，図表4.3.2に示したように，第1に，経営者が支援組織の役職員を信頼できると判断しやすいこと。第2に，経営者が支援組織やその役職員に支援を依頼するメリットがあること。第3に，経営者が支援組織やその役職員に支援を依頼する取引コストが小さいこと，と言える。

また，支援組織を機能させるマネジメントの条件，どのような場合に優れた支援組織であると言えるのかも併せて示した。

以上のような理解に基づいて，支援組織等に対する提言の試みを第4章4-3節で行った。

終-2　今後の課題

　本書では，工業・ものづくり系の中堅・中小企業のオープンイノベーションの6事例を分析し，ネットワーク論と取引コスト・アプローチを組み合わせることで，オープンイノベーション，ビジネスモデル，外部資源，媒介者の関係を考察する新たな枠組みを提示した。しかし，この枠組みで，本書の事例以外の工業・ものづくり系の中堅・中小企業の事例も同様に分析，整理できるのかについてはまだ保証されていない。今後も事例研究を継続し，本書の枠組みが中堅・中小企業のオープンイノベーションの分析，整理の枠組みとして適切か検証し，必要があれば改善していきたい。

　また，研究を進め，工業・ものづくり系の中堅・中小企業のオープンイノベーションとその支援に関して一定の理解がなされたら，既存統計の活用や新たなアンケート調査によって，統計的に本書の枠組みの検証を試みたい。

　さらに，本書の枠組みは工業・ものづくり系の中堅・中小企業のオープンイノベーションの事例から考察しているが，他の業種にも適用できるのか検証を試みたい。また，大企業のオープンイノベーションの事例が，本書の枠組みで分析，整理できるのかについても検証を試みたい。

謝辞

　指導教員である宮本光晴専修大学経済学研究科教授には，先行研究レビュー，ケーススタディからの読み取りおよび考察，学会への参加をはじめ，本書作成に至るすべてをご指導いただいた。特に，私が，博士課程後期の途中から宮崎に転勤したため，私が上京する機会に合わせてご指導をいただくなど，一層のお手間をおかけすることとなった。

　宮本先生，修士課程でご指導いただいた遠山浩教授をはじめ，専修大学経済学研究科の諸先生方には，2013 年 4 月から 2018 年 3 月までの 5 年間にわたりさまざまなご講義やご指導，論文へのコメントなどを，時には親しく懇親しながらちょうだいした。また，経営学部福原康司准教授には，お忙しいところを論文のご指導をいただいた。専修大学経済学研究科は，神田校舎で平日夜間・土曜開講の社会人向けコースを提供しており，このコースがなければ私が大学院で学ぶことはかなわなかった。

　2003 年から，地域産業おこしの会の前身である地域産業おこしに燃える人の会，後継者育成塾の関係で，関満博一橋大学名誉教授のご指導を受けた。私に専修大学経済学研究科の受講を奨めてくださったのも関先生であった。

　本書を執筆するにあたっては，本書の事例でインタビューにご対応いただいた皆さまをはじめ，多くの経営者，実務家，産学官連携に携わる研究者の方々に貴重なお時間を割いていただいた。私の調査手法から，長時間にわたるインタビュー調査や，企業，工場のご案内，許される範囲内での写真撮影，私の誤解，記述のチェックなど，多大なご協力をいただくこととなった。

　組織学会九州支部では，清宮徹西南学院大学文学部教授に，2017 年 3 月，本書の一部に関わる発表の機会をいただき，高橋正泰明治大学経営学部教

授，福原康司専修大学経営学部准教授をはじめ諸先生方から貴重かつプロダクティブなコメント，ご示唆，励ましを数多くちょうだいした。

　2015 年 10 月に採用された宮崎大学では，教授および 2016 年 4 月設置の地域資源創成学部の学部長の職を拝命した。学長はじめ役員，同僚，職員のご協力を得て，博士課程後期の学修と大学の業務を両立させることができた。私が上京したり，インタビューに出かけたりする際には，関係の教職員の皆様に温かくフォローいただいた。大学教員となったため，インタビュー，先行研究レビューなどの研究に，行政官のときよりも時間を多く自由に使うことができるようになったことは幸いであった。

　1984 年から 2015 年まで勤務した通商産業省・経済産業省，1992 年から 1994 年まで通商産業省から出向した岩手県庁，2000 年から 2001 年まで在籍した関東経済産業局，2003 年から自主的に参加した地域産業おこしの会，後継者育成塾，2005 年から参加している KNS，2015 年からの宮崎県内，大分県佐伯市はじめ九州地域などの関係で，ともに仕事をしたり，意見交換したりしてきた古くからの友人，新しい友人たちからは，現場感覚，時代の流れ，問題意識，考えるヒント，研究に行き詰まったときの癒やしなどをふんだんにいただいた。それは今も続いている。

　妻，子供たちは，それぞれに多忙な中，私の行政官から大学教員への転職，東京から宮崎への単身赴任という家庭環境の変化を受容し，宮崎を訪問してくれたり，スマートフォンのビデオ通話機能で団らんしてくれたり，上京した際に一緒にくつろぐなど引き続き支えとなってくれている。

　ここに記して心から感謝申し上げる。

　なお，本書は平成 30 年度専修大学課程博士論文刊行助成を受けて刊行されたものである。専修大学出版局の真下恵美子氏には出版に当たって編集や校正などたいへんお世話になった。深く感謝申し上げる。また，ご尽力いただいた大学関係者の皆さまに，心から感謝申し上げる。

巻末資料

巻末図表1　表彰等を受けた産学官民コミュニティ

①内閣府産学官連携功労者表彰で表彰された産学官民コミュニティ

　岩手ネットワークシステムは，2003（平成15）年内閣府産学官連携功労者表彰で経済産業大臣賞を受賞した。内閣府産学官連携功労者表彰は，ほとんどが開発，製品化案件が受賞しているが，産学官民コミュニティおよびその可能性があるものが受賞した例を確認する。

2003（平成15）年
経済産業大臣賞　INS（岩手ネットワークシステム）「INS（岩手ネットワークシステム）による地域産学官連携活動」
岩手県の科学技術と産業振興を図るため，会員の共同研究グループの育成や企業講座，科学技術普及の公開講座・講演会等を開催。地場企業の技術開発，新産業の創出に向けた環境・基盤づくりに大きく貢献。岩手地域において，地域産学官のネットワーク構築を進め，新産業創出に向けた環境・基盤づくりに成功。地域産学官連携の最も優れた事例として地域経済活性化に多大なる寄与。

2004（平成16）年
経済産業大臣賞　「飯塚（e-ZUKA）TRY VALLEY 構想の推進」
江頭貞元飯塚市長・下村輝夫九州工業大学長・菊川清近畿大学産業理工学部長
　「日本一創業しやすい街」づくりを掲げ，ベンチャー企業が次々と誕生。また，九州シリコンクラスター計画（九州経済産業局），シリコンシーベルト構想（福岡県）および知的クラスター創成事業（文部科学省）と協働・連携し，具体的成果を生み出すイノベーションサイクルを構築し，クラスターのモデル地域を形成している。

2005（平成17）年
文部科学大臣賞　知的クラスター創成事業「長野・上田スマートデバイスクラスター」
財団法人長野県テクノ財団・遠藤守信信州大学工学部教授・谷口彬雄信州大学繊維学部教授
　信州大学と県内の開発型企業との連携により，大学におけるナノテクノロジーを実用レベルに具現化し，超微細・高機能デバイスやその応用商品群を創出するものである。クラスターの核ができはじめており，地域コミュニティへの波及効果も見られると同時に，特許出願件数や事業化実績も当初目標を上回る成果をあげている。また，さらなる

事業化推進に向けた研究課題の重点化・絞込みも図られており，今後一層の成果創出が期待される。

2006（平成 18）年
文部科学大臣賞　知的クラスター創成事業「浜松オプトロニクスクラスター」
石村和清財団法人浜松地域テクノポリス推進機構理事長・川人祥二静岡大学電子工学研究所教授・寺川進浜松医科大学光量子医学研究センター教授

　知的クラスター創成事業「浜松オプトロニクスクラスター」は，静岡大学，浜松医科大学と地域の開発型企業等との連携により，大学のシーズである画像科学や光医学を活用し，次世代の産業・医療を支えるイメージングデバイス等を開発して，国際的に優位性のあるクラスターの形成を目指すものである。このような取組みの結果，その成果として，事業開始から 4 年の間に，当初の目標を大きく上回る特許出願数や学術論文数等の実績が上がるとともに，事業化に向けた研究開発が急速に進展している。今後も，産学官連携による取組みを強化し，さらなる技術革新とそれに伴う新産業の創出を通じて，国際的に優位性のあるクラスターへと発展していくことが期待される。

2007（平成 19）年
文部科学大臣賞　「九州広域クラスター」（システム LSI 設計開発拠点の形成）の推進
麻生渡九州広域クラスター本部会議議長，福岡県知事・安浦寛人九州広域クラスター福岡地域研究統括，九州大学システム LSI 研究センターセンター長・国武豊喜九州広域クラスター北九州学術研究都市地域研究統括，北九州市立大学副学長

　アジアのシステム LSI 設計開発拠点を福岡県内に構築することを目的とした「シリコンシーベルト福岡構想」の実現を目指し，麻生九州広域クラスター本部会議議長の強力なリーダーシップのもと，福岡地域と北九州学術研究都市地域が連携した九州広域クラスターの形成を推進。両地域の大学等が有するシステム LSI とマイクロ・ナノ技術に関する知的集積を生かし，地域内外のベンチャー企業や大手・中堅企業などと共同研究を実施した。このような取組みの結果，数多くの研究成果が製品化や事業化に結びつくとともに，福岡県内のシステム LSI 設計関連企業の集積が当初の 5 倍となる 110 社に達するなど，クラスター化が大きく進行した。

経済産業大臣賞　TAMA プロジェクト広域的な産学官＋金融の連携による研究開発から製品化・販路開拓までの一貫した連続的支援体制の整備
古川勇二社団法人首都圏産業活性化協会会長・井深丹タマティーエルオー株式会社代表取締役社長・山崎正芳西武信用金庫理事長

　社団法人首都圏産業活性化協会（TAMA 協会）とタマティーエルオー株式会社とが協働により推進する，地域の大学等と企業との産学連携による研究開発や事業化を強力にサポートする取組みは，全国のクラスター事業の先駆け的・モデル的存在となっている。さらに，従来の産学官連携に加えて，会員金融機関の西武信用金庫を中心とした出

資により TAMA ファンドを創設し，金融支援を充実したほか，販路開拓コーディネーター等による海外展開を含めた販路開拓支援も充実させ，シームレスな事業化への支援体制を整備し実績をあげており，TAMA 協会の会員数は年々増加を続けている。

2008（平成 20）年
文部科学大臣賞　函館マリンバイオクラスター形成の推進
米田義昭財団法人函館地域産業振興財団副理事長・山内晧平愛媛大学社会連携推進機構特命教授，南予水産研究センターセンター長（元北海道大学副理事，創成科学共同研究機構副理事長）・宮嶋克己公立はこだて未来大学共同研究センター，産学官連携コーディネーター（元北海道立工業技術センター研究開発部長）

　函館市では，平成 15 年に「函館国際水産・海洋都市構想」を策定し，豊富な水産資源を有する特性・優位性を基盤にして，産学官連携により地域水産資源の付加価値向上を図るための研究開発を実施してきた。その結果，平成 18 年度までに，商品化 70 件（利用価値の乏しい「ガゴメコンブ」の資源化，函館活〆メスルメイカ等）を実現するなど，これまでにない大きな経済効果（1,763 百万円）を生み出すような特色あるマリンバイオクラスターの基盤が構築できた。函館地域産業振興財団が中核機関となり，元北海道大学山内教授が研究を統括し，北海道立工業技術センターが地域内外の企業の連携を促進している。産学官連携によるネットワークは拡大を続けており，地域活性化の優れた事例と言える。

②地域産業支援プログラム表彰で表彰された産学官民コミュニティ

　（財）日本立地センター，全国イノベーション推進機関ネットワークは，2012 年地域産業支援プログラム表彰を行い，岩手ネットワークシステムは優秀賞を受賞した。

優秀賞
【事業名】地域産業振興・活性化を目指した産学官民のネットワークの形成
【機関】岩手ネットワークシステム（INS）実施責任者（岩手大学教授清水健司氏）
　岩手ネットワークシステム（略称 INS）は，岩手大学の教員が中心となり，岩手県内外の大学や企業，岩手県や市町村などの行政，市民，金融機関および高等学校が連携した大学教員主導型の産・学・官・民・金融の交流組織である。INS は，岩手県における科学技術および研究開発に関わる人および情報の交流や活用を活性化し共同研究事業などを推進して，地域の科学技術の発展および産業の振興に資することを目的に，平成 4 年に設立された。
　現在，1121 名の会員と 43 の研究会を有するオール岩手のプロジェクトであり，岩手大学発のベンチャー企業が 18 社誕生している。地域経済規模を勘案すれば，その経済効果は十分に大きく，地方大学を中心としたイノベーションネットワークとして大きな成果を上げている点が高く評価され，優秀賞の選定に至った。

【事業名】地域自動車関連産業の持続的発展を目指した産学官連携活動
【機関】公益財団法人ひろしま産業振興機構　実施責任者（カーエレクトロニクス推進センター長岩城富士大氏）

　地域のコア産業である自動車産業の持続的な発展を目指し，ひろしま産業振興機構がコアとなって，産学連携に加え地域行政機関として県，市および国が一体となり参加した産学官連携活動を行っている。本活動は，世界的に厳しくなる環境規制に対応し地域の産業の空洞化，地域経済の減衰を防ぐため，地域の保有する技術を高度化し，競争力強化，新たな付加価値創造を実現しようとするものである。モジュール・システム化研究会や，カーエレクトロニクス推進センター，ベンチマーキングセンターの設置など，多数の研究開発プロジェクトを通じて，地域産業の活性化，地域雇用の創出を目指している。モジュール化の取り組みでは，平成20年度実績で90億円の新規モジュールビジネスを地域にもたらすなどの成果を上げている。

　地域の代表的産業である自動車産業の構造変化（エレクトロニクス化など）に対応しようと，関係企業・団体が連携を深めている点が評価された。

③産学官民コミュニティ全国大会の主催団体

　2007年，INS。2008年，KNS。2009年，弘前大学，ひろさき産学官連携フォーラム。2010年，岡山大学。2011年，甲南大学，KNS。2012年，INS。2013年，高知県立大学，土佐まるごと社中（TMS）。2014年，九州工業大学。

④岩手ネットワークシステムと交流している産学官民コミュニティ

　岩手ネットワークシステムのホームページでは，交流組織[1]として以下を挙げている。
　関西ネットワークシステム（KNS）
　北海道中小企業家同友会産学官連携研究会（HoPE）
　社団法人いわき産学官ネットワーク協会（ICSN）
　ひたちものづくりサロン（HMS）
　なかネットワークシステム（NNS）
　土佐まるごと社中（TMS）
　やまなし産業情報交流ネットワーク（IIEN. Y）
　福岡中小起業家同友会　福岡地区産学官連携部会（FAST）
　とかちネット
　とっとりネットワークシステム
　全国異業種グループネットワークフォーラム（INF）

　1）　INSホームページから　http://www.ins.ccrd.iwate-u.ac.jp/2（2014年10月21日参照）。

⑤　関西ネットワークシステムと交流している産学官民コミュニティ

　関西ネットワークシステムのホームページでは，関係団体リンク[2]として，以下を挙げている。

梅田 MAG
　阪神電気鉄道株式会社様では，大阪梅田地区の活性化に向けた街づくりにの取り組んでおられます。今般，知の集積による新たな価値創造を目的として，関西における人財育成・起業支援・異分野交流の拠点となるビジネス創造コミュニティーセンター「梅田 MAG」を開設されました。「梅田 MAG」は次世代を彩る知性・感性豊かな人材が自発的に集い，「未来」を創造する磁場（Magnetic Field）となることを目指しています。

岩手ネットワークシステム（INS）
　岩手県内の科学技術および産業振興に関わる産学官の人々の交流ネットワークです。
　別称「I ＝いつも　N ＝飲んで　S ＝騒ぐ会」「I ＝いつかは　N ＝ノーベル賞を　S ＝さらう会」と呼ばれ，21 世紀の岩手の科学技術と産業の発展をめざしています。

土佐まるごと社中（TMS）
　土佐に志の有る個人が集う場があり，そこに集まった個人が意気投合する仲間を創って情熱を燃やす！！「土佐まるごと社中（TMS）」は，土佐における，そんな，産学官連携の拠点としての「サロン」を目指しています。

広島 5：01 クラブ（中国地域ニュービジネス協議会）
　広島 5：01 クラブとは，①アフターファイブに肩書き抜きでこの地域を元気にする意欲に燃えた人が集まる場，②特別の用事がなくとも，そこに行きさえすれば普段なかなか会えない人たちと一度に会えるような場，③大枚の参加料を取られず面倒な日程調整もなしにフラッと行ってみさえすれば，共通の問題意識を持つ人たちの輪に入れるような場　…です。

IIEN. Y（いいえんどっとわい）
　山梨県の地域産業や企業活動に関わる産学官の関係者による，フラットでオープンな産業ネットワークです。IIEN. Y（いいえんどっとわい）は，やまなし産業情報交流ネットワーク（Industrial Information Exchanging Network. Yamanashi）の略称です。このネットワークから「良い縁がたくさん生まれれば」との願いから命名しました。

なかネットワークシステム（NNS）

2）　KNS ホームページから　http://www.kns.gr.jp/（2014 年 10 月 21 日参照）。

茨城県ひたちなか圏域の技術革新・経営革新・研究開発に関わる「産学官公民」の交流の場です。人と人，技術と技術，知恵と知恵をつなぐネットワークです。

とちぎ未来ネットワーク（FTN）
　FTN は，栃木経済同友会が中心になって立ち上げた産学官民コミュニティです。異業種間で肩書きや立場を超えて情報交換を行い，地域産業の振興，人材が育つ機会の創出を目指しています。

とかちネット
　北海道十勝地域の産学官金の有機的なネットワークの形成と広範な交流を促進する異分野コミュニティです。社会に貢献する科学技術の振興と十勝地域の産業・経済の活性化に貢献することを目指しています。

とっとりネットワークシステム（TNS）
　鳥取を中心とした産学官連携のネットワークで地域発展を目指すコミュニティです。鳥取大学を核に活動しています。

　関係団体リンクには挙げていないが交流のあるものとして，九州ちくご元気計画がある。

⑥その他

新都心イブニングサロン[3]
NPO 法人北関東産学官連携研究会

---

3)　http://innovationpartners.jp/（2014 年 10 月 21 日参照）。

巻末図表 2　日本の主な産学官民コミュニティの概要

	INS（岩手ネットワークシステム）	TAMA 協会（(一社)首都圏産業活性化協会）	KNS（関西ネットワークシステム）
設立年	1987 年頃から活動。1992 年会として発足。	1998 年	2003 年
設立経緯	岩手大学工学部若手研究者の自由発意	関東経済産業局の計画・事業として発足	INS の仕組みを関西に導入して発足
目的	岩手の産学官の有志の交流の場。関連組織を前向き，一体的に動かして科学技術と産業の振興を志す。	TAMA 地域の研究開発型中堅・中小企業を主なターゲットとして，オープンイノベーションを促進。	産学官民の人的ネットワークを形成し，関西の科学技術と産業の振興，地域経済の活性化に貢献。
活動地域	岩手県	埼玉県，東京都，神奈川県の西部	関西
地域産業の状況	岩手県庁・北上市等の長年の地域産業育成，企業誘致により，東北自動車道，新幹線開通後，電気・電子，自動車産業が集積。岩手県の製造品出荷額は 1.9 兆円（2011 年）。	京浜工業地帯の電気・電子工業が多摩川沿いに内陸移転。国道 16 号線沿いに日本最大の内陸工業地帯。スピンアウト企業多数。TAMA 地域の製造品出荷額は 25.6 兆円（1998 年）で，シリコンバレー 12 兆円（1995 年）の約 2 倍。	阪神工業地帯。京阪神の都市型産業（デザイナー，クリエイターなど）。製造品出荷額は，大阪府 16.5 兆円，兵庫県 14.3 兆円（2011 年）など。
地域産業支援機関の状況	（公財）いわて産業振興センター，盛岡市産学官連携研究センター，岩手大学地域連携推進センターなど	東京都，埼玉県，神奈川県の公益財団法人，大学の産学連携，インキュベーションなど	大阪府，大阪市の公益財団，大学の産学連携，インキュベーションなど
会員の性格	地域産業のリーダー，社員で地域経済振興に関心がある者。行政の産業支援機関，大学の産学連携機関のリーダー，職員で，企業家精神をもって企業支援を行う者（KNS は会員 2 名の紹介を受けた者が参加可能）。		

会員数	1131 人（2011 年 6 月）	560 社，人（企業会員 261）（2013 年 3 月）	270 人（2012 年 12 月）
全体集会	年 4 回	年 3 回	年 4 回
分科会	44 研究会	4 事業，多数のイベント等	4 研究会，多数の集会
その他事業	県内市町村連携，他県の産学官組織と連携	TLO，他地域，海外，自治体との交流	地方大会，地方支部，ミニ集会
リスクマネー供給	いわてインキュベーションファンド（2002 年）	TAMA ファンド（2003 年）	おおさか地域創造ファンド（2007 年）等の活用
事務局	岩手大学工学部内（数名のボランティア）	専従約 10 名	なし（世話人会）
会費	個人 1000 円，法人 10000 円	個人 10000 円，法人は規模別に 7〜49 万円	なし（集会時に協賛金を徴収）

	北海道中小企業家同友会産学官連携研究会（HoPE）[4]	NPO 法人北関東産学官連携研究会[5]	信州スマートデバイスクラスター（旧長野・上田スマートデバイスクラスター）[6]
設立年	2001 年	2001 年	2002 年
設立経緯	北海道中小企業家同友会と北海道大学先端科学技術共同研究センターとの連携	経済活動が県境などにとらわれないことを念頭に置いて広域で事業展開しようと考えたもの	知的クラスター創成事業
目的	大学や公設試験研究機関のシーズと企業のニーズが出会い，互いの強みを発揮する中で新しい産業の創出，ビ	北関東地区の学術および技術の交流・向上を図り，研究ニーズに基づく産官学共同研究の支援，技術シーズの移	超精密微細加工，デバイス設計技術・商品化技術等と信州大学等の知的クラスター。産学官共同研究開発，ス

4） http://www.hokkaido.doyu.jp/hope/（2014 年 2 月参照）。

5） http://www.hikalo.jp/（2014 年 3 月参照）。

6） http://www.tech.or.jp/cluster/（2014 年 3 月参照）。

		ジネスチャンスの拡大を目指す。	転の推進による地域産業の振興および大学の教育・研究活性化。	マートデバイス等の事業化，企業集積。
活動地域		札幌中心	群馬県，栃木県，埼玉県の周辺	長野市，上田市
地域産業の状況		札幌市工業出荷額4953億円[7]。食料品製造業など。	群馬県工業出荷額7兆3832億円，栃木県工業出荷額7兆6019億円，埼玉県工業出荷額2兆1437億円。	長野市工業出荷額3435億円，上田市4060億円。
地域産業支援機関の状況		（公財）北海道科学技術総合振興センター，北海道大学産学連携本部など	群馬大学，群馬県，桐生市など	長野県，長野市，上田市，長野テクノ財団，信州大学
会員の性格		北海道中小企業家同友会会員で，趣旨に賛同する人。大学・試験研究機関・行政はオブザーバー等。	北関東地区の法人，個人で，研究会の目的に賛同する者	
会員数		200社	138人（2013年総会出席会員数）	
全体集会		月例会開催	総会など	
分科会			技術交流研究会，化学技術懇話会，複合材料懇話会。	
その他事業			セミナー	研究，製品開発中心
事務局		北海道中小企業家同友会		知的クラスター本部（長野県工業技術総合センター，信州大学繊維学部内）
会費			個人1万円	

---

7) 工業出荷額は，2011年工業統計調査。以下，同じ。

	九州広域クラスター（システム LSI 設計開発拠点の形成）[8]	広島 5：01 クラブ（中国地域ニュービジネス協議会）[9]	飯塚（e-ZUKA）TRY VALLEY 構想（産学官交流研究会）[10]
設立年	2002 年	2003 年	2003 年
設立経緯	文部科学省知的クラスター創成事業計画（平成 14〜18 年度）として指定	中国経済産業局の呼びかけ	昭和 30 年代から石炭産業が斜陽化。企業誘致，大学，産学共同研究施設などを誘致。理工系学生と研究者人材の集積。平成 14 年 1月，「e-ZUKA トライバレー構想」を発表。
目的	福岡県と北九州市はシステム LSI 設計技術の研究開発を計画。	「普段ビジネスで接点がない人に出会える」「業種をこえた情報交換ができる」「旧友や間接的に知り合った仲間と再会できる」など，ネットワークづくりの場。	大学人材，知的資産を活用した情報関連産業のクラスター（集積）化を図る。IT を活用した地域産業の活性化，地域イメージアップ。
活動地域	福岡県	広島	飯塚市
地域産業の状況	福岡県工業出荷額 2 兆 2567 億円。輸送用機械，鉄鋼業など	広島市工業出荷額 2 兆 2287 億円。輸送用機器，情報通信等	飯塚市工業出荷額 1005 億円
地域産業支援機関の状況	九州大学システム LSI 研究センター，福岡県，北九州市など	経済産業局，県，市，支援機関議所，商工会等	飯塚市，嘉飯桂地域産業振興協議会，（財）飯塚研究開発機構，近大，九州工大
会員の性格		地域を元気にするとい	産学官の交流等に関心

8)　http://www.slrc.kyushu-u.ac.jp/japanese/project/cluster/total.pdf（2014 年 3 月参照）。（2007 年から福岡先端システム LSI 開発クラスターに継承）。

9)　http://www.cnbc.or.jp/02activity/05club/（2014 年 3 月参照）。

10)　http://www.city.iizuka.lg.jp/03sangyou/shinsangyo/tryvalley_jigyo/（2014 年 3 月参照）。

		う意欲に燃えた人	のある方
会員数			
全体集会		年6回程度開催	毎月，勉強会，プレゼン，交流会
分科会			
その他事業			
事務局		中国地域ニュービジネス協議会	飯塚市産学連携室
会費		1,000円の参加費で，誰でも参加可	無料

	函館マリンバイオクラスター[11]	ひたちものづくりサロン（HMS）[12]	なかネットワークシステム（NNS）[13]
設立年	2003年	2004年[14]	2004年
設立経緯	文部科学省知的クラスター創成事業		ひたちなか商工会議所にて設立総会。記念講演としてNPO法人北関東産学官連携研究会代表理事（群馬大学工学部教授）根津 紀久雄 氏より講話。
目的	海洋生物由来有価物の持続的生産に必要なキーテクノロジーを総合的に研究開発し，水産・海洋科学のグローバルなイノベーションを創出。	新たな出会いを求めて集う会員相互の緊密な親睦と連携を通じて，地域経済の発展，さらには広く社会に貢献する。	ひたちなか圏内の地域産業活性化を目的とし，そのために地域を活性化する人の濃密なネットワーク作りに努める。

---

11) http://www.hakodate-marine-bio.com/（2014年3月参照）。

12) http://hms.rd.ibaraki.ac.jp/（2014年2月参照）。

13) http://www.n-ns.jp/（2014年2月参照）。

14) 2009年，国土交通省国土政策局広域地方政策課，広域首都圏における地域資源を活用した産業活性化及び産業活性化を促進する物流のあり方に関する調査。

活動地域	函館市	日立市中心	ひたちなか市中心
地域産業の状況	函館市工業出荷額 1827 億円。食料品，輸送用機械など。	日立市工業出荷額 1 兆 3723 億円。電気，機械，非鉄など。	ひたちなか市工業出荷額 9496 億円。機械，電子，電気機械など。
地域産業支援機関の状況	北海道，函館市，北海道立工業技術センター，北海道大学など。	茨城大学産学官連携イノベーション機構構，日立地区産業技術支援センターなど。	ひたちなかテクノセンターなど。
会員の性格		会の趣旨，目的に賛同した社会人あるいは学生で，役員会の承認を得た者	会の目的に賛同して入会した者
会員数			
全体集会		総会，フォーラム	総会，交流会
分科会		4 分科会	
その他事業			
事務局	（公財）函館地域産業振興財団	茨城大学	ひたちなかテクノセンター
会費		無料。賛助会員は年間一 2 万円の協力。	個人会員無料。企業会員年間 1 口 2 万円。

	やまなし産業情報交流ネットワーク（IIEN.Y)[15]	福岡中小起業家同友会福岡地区産学官連携部会（FAST)[16]	新都心イブニングサロン[17]
設立年	2004 年[18]	2004 年	2004 年
設立経緯		福岡県中小企業家同友会ビジョンを具体化するため「仕事づくり」	大学や先進企業のシーズと地域産業界のニーズのマッチングを企

---

15) http://iien-y.jimdo.com/ （2014 年 2 月参照）。

16) http://fukuoka.doyu.jp/sub/fast/ （2014 年 3 月参照）。

17) http://www.innovationpartners.jp/nonagase/evening （2014 年 3 月参照）。

18) 会則の施行年

		を目標に立上げ。	画。新都心イブニングサロンとして定期開催。
目的	産学官の関係者によるフラットでオープンな産業ネットワークを形成し，産業情報の交流やビジネスチャンスの拡大を図り，新たな産業を双発する。	企業や行政，教育機関，地域を結び，中小企業の新技術・新製品の開発，新たなサービスの創出。共同で事業化を進め，新しい「仕事」が生まれ，企業の繁栄・発展，雇用の促進，地域経済の振興。	ボランタリーな広域的産官学ネットワーキング。企業家を中心とする「接触の利益」の創出。非メンバーシップ制，中心人物有志によるコモンズの形成。
活動地域	山梨県	福岡県	埼玉県
地域産業の状況	山梨県工業出荷額2兆2159億円。生産用機械，電気機械など。	福岡県工業出荷額8兆1258億円。輸送用機械，鉄鋼など。	埼玉県工業出荷額12兆1437億円。汎用機械，輸送用機械など。
地域産業支援機関の状況	山梨県庁，山梨大学。公益財団法人やまなし産業支援機構など	九州大学産学連携センター，九州工大地域共同研究センター，経済産業局，県，市など	(財)さいたま市産業創造財団
会員の性格	目的の達成に賛同する個人	福岡県中小企業家同友会会員で賛同者。大学・行政・研究機関の者はアドバイザー・オブサーバーで入会可	会員制を取らず，出席率の良い「中心人物」，「サポーター」が協力
会員数			
全体集会	セミナー	例会	年4回開催
分科会			
その他事業		商品開発	
事務局	山梨大学知的財産経営戦略本部，山梨県産業労働部産業支援課	福岡県中小企業家同友会事務局	世話人
会費	1000円	年間12,000円	

	（公社）いわき産学官ネットワーク協会（ICSN）[19]	とっとりネットワークシステム[20]	ひろさき産学官連携フォーラム[21]
設立年	2005 年	2005 年	2005 年
設立経緯	2003 年度の「いわき市産業支援機関設立懇話会」の提言。	2004 年鳥取県の提案により，鳥取県と鳥取大学の間で産官学連携を検討，設立。	
目的	企業の経営革新，新産業・新事業の創出，雇用の創出を図り，いわき地域の活性化に貢献する。	産官学連携に積極的に関わる人の交流を推進し，それらの活動を側面から支援することによって，県内の産業および科学技術の発展に資すること。	産学官連携による共同研究を推進するための企業・大学・公的研究機関・行政・金融機関等による連携・交流。
活動地域	福島県いわき市中心	鳥取県	弘前地域
地域産業の状況	いわき市工業出荷額 8258 億円。化学，情報通信機器，輸送用機器など。	鳥取県工業出荷額 7419 億円。電子，食料品など。	青森県工業出荷額 14032 億円，弘前市 1607 億円。
地域産業支援機関の状況	（公社）いわき産学官ネットワーク協会など	県，（財）鳥取県産業振興機構，（地独）鳥取県産業技術センター，米子高専，鳥取大など	
会員の性格	目的に賛同する企業，団体，個人	TNS の趣旨に賛同する個人	
会員数	235		法人会員 76 社／個人会員 79 名（2014 年 6 月現在）
全体集会	講演と交流会。		総会・講演会等の開催

---

19) http://www.iwaki-sangakukan.com/ （2014 年 2 月参照）。

20) http://www.cjrd.tottori-u.ac.jp/tns/ （2014 年 3 月参照）。

21) http://www.cjr.hirosaki-u.ac.jp/hirosaki/ （2017 年 7 月参照）。

			（年 2 回），会員の知見・技術の向上と相互のネットワークの構築を図るため，講演会および交流会を開催する。 イブニングフォーラムの開催（年 4 回），会員相互の情報交換・交流の場として，また企業ニーズと研究シーズのマッチングの場として定期的に開催する。 情報収集・提供（随時），各種団体が主催するフォーラムおよび見本市等へ参加し，国等の政策動向や技術動向の情報収集および情報提供を行う。 企業見学会の実施。
分科会		27 研究会	1. 微細加工・計測研究会 2. 新医療福祉システム研究会 3. プロテオグリカン応用開発研究会 4. 食品生理機能研究会 5. 台湾ビジネス戦略研究会 6. 白神酵母研究会
その他事業			
事務局	（公社）いわき産学官ネットワーク協会	鳥取大学産学・地域連携推進機構	弘前市役所商工振興部産業育成課，弘前大学地域共同研究センター
会費	20000 円	年間 1000 円	・法人会員 10,000 円

			／年 ・個人会員 1,000 円 ／年

	全国異業種グループネットワークフォーラム（INF）[22]	とちぎ未来ネットワーク（FTN）[23]	とかちネット[24]
設立年	2006 年	2010 年	2011 年
設立経緯	非営利の任意団体として，全国の中小企業の経営者・幹部を対象に，1997 年から 6 回の全国大会を開催し，異業種グループ間のネットワーク連携による中小企業の活性化に取り組んできた。		帯広産業クラスタ研究会が解散することを受け，「十勝ネット」を設立。
目的	全国の中小企業に対して，各地域の異業種グループ・企業および団体・大学等と連携し，次世代のコアとなるべき新しい製品・企業・産業秩序の創造に寄与すること。	異分野連携，新産業の創出や地域活性化人材，産学官民の枠組み，社会的立場，肩書，年齢，国籍等を超えた広範かつフラットな人的ネットワーク形成，会員相互の交流と情報交換，地域の未来を築く人材の育成と地域の科学技術・芸術文化・地域産業の振興	十勝の産学官金の有機的なネットワークの形成と広範な交流を促進し，社会に貢献する科学技術の振興を図るとともに，十勝地域の産業・経済の活性化に寄与すること[25]。
活動地域	全国	栃木県	十勝地方

22) http://www.inf-jp.com/ （2014 年 3 月参照）。

23) http://ftn-tochigi.com/ （2014 年 3 月参照）。

24) https://ja-jp.facebook.com/tokachi.net （2014 年 3 月参照）。

25) http://www.obihiro.ac.jp/~crcenter/ （2014 年 3 月参照）。

地域産業の状況		7 兆 6019 億円。輸送用機械，情報通信，非鉄金属，電気機器など。	帯広市工業出荷額1287 億円。食料品など。
地域産業支援機関の状況		県支援機関，大学，コンソーシアムとちぎ，栃木県北東部産業交流会，鹿沼ものづくり研究会など	帯広畜産大学地域連携推進センター，帯広信用金庫，行政など
会員の性格	趣旨に賛同した個人，団体	本会の目的に賛同する個人。紹介者が1 名必要	個人の立場で参加
会員数			
全体集会	地方大会の持ち回り		総会，講演会など
分科会		17 研究会	共通の課題や興味のある方々で研究会をつくる
その他事業			
事務局	オーパシステムエンジニアリング内	宇都宮大学地域共生研究開発センター内	帯広畜産大学地域連携推進センター
会費	個人 6000 円，団体 30000 円以上	年間 2000 円，法人 10000 円以上	

	土佐まるごと社中(TMS)[26]	梅田 MAG[27]	宮崎県中小企業家同友会産学官民連携部会(MANGO)[28]
設立年	2012 年	2012 年	2012 年
設立経緯	関西ネットワークシステムからの支援	大阪梅田地区の活性化，知の集積による新	2012 年 8 月 27 日，岩手で岩手県・宮崎県中

26) http://blog.tosa-ms.jp/（2014 年 2 月参照）。

27) https://umeda-mag.net/（2014 年 3 月参照）。

28) http://miyazaki.doyu.jp/mango/（2017 年 4 月 25 日参照）。

		たな価値創造を目的として，関西における人財育成・起業支援・異分野交流の拠点となるビジネス創造コミュニティーセンターを開設。	小企業家同友会で「宮崎・岩手地域活性プロジェクト」スタートミーティングを開催した。
目的	『志』の有る個人が集う『場』があり，そこに集った個人が意気投合する『仲間』を創って『情熱』を燃やす」。土佐における，そんな，産学官連携の拠点。	次世代を彩る知性・感性豊かな人材が自発的に集い，「未来」を創造する磁場（Magnetic Field）となることを目指す。	創造・挑戦：新しい宮崎を創造するため，会員は新しい仕事に挑戦する心を持ち続ける。地域資源：会員は，地域の人材や資源を活かした新しい仕事づくりへの挑戦。相互理解・相互扶助：会員はそれぞれの立場や違いを理解しながら，新しい仕事に挑戦する会員を応援。
活動地域	高知県	関西	宮崎県
地域産業の状況	高知県工業出荷額4925億円		宮崎県工業出荷額1兆3420億円
地域産業支援機関の状況	土佐経済同友会など		宮崎県，宮崎県産業振興機構，宮崎大学など
会員の性格			産学官の交流等に関心のある方
会員数			約100人
全体集会			毎月，勉強会，プレゼン，交流会
分科会		MAKERS SUMMIT，フリーペーパー・サミットなど	
その他事業			

事務局	高知大学内（各大学輪番制）[29]	阪神電気鉄道株式会社内	宮崎県中小企業家同友会
会費			無料

---

29) 入手先 http://www.tosadoyukai.com/mem_sangaku2012.html　土佐経済同友会
　　ホームページ（2014 年 2 月参照）

参考文献

Burt, R.S. [1992] Structural Holes: The Social of Competition: How Social Capital Makes Organizations Work, Harvard University Press.（ロナルド・S・バート著，安田雪訳［2006］『競争の社会的構造——構造的空隙の理論』新曜社）。

Chandler, Jr. Alfred D. [1962] *Strategy and Structure: Chapters in the History of the Industrial Enterprise*, Cambridge, MA: MIT Press.（アルフレッド・D・チャンドラー Jr 著，三菱経済研究所訳［1967］『経営戦略と組織——米国企業の事業部制成立史』実業之日本社。有賀裕子訳［2004］『組織は戦略に従う』ダイヤモンド社）。

Chandler, Jr. Alfred D. [1977] *The Visible Hand: The Managerial Revolution in American Business*, Beard Books Inc.（アルフレッド・D・チャンドラー Jr 著，鳥羽欽一郎・小林袈裟治訳［1979］『経営者の時代——アメリカ産業における近代企業の成立』上下，東洋経済新報社）。

Chandler, Jr. Alfred D. [1984] *The emergence of managerial capitalism*, Business History Review, Vol.58, No.4, pp.473-503.（アルフレッド・D・チャンドラー Jr 著，楠井敏朗・笹田京子・朝倉文女訳［1987］「経営者資本主義の出現」横浜国立大学経営学部研究資料室『国際経営資料翻訳叢書』No.11）。

Chesbrough, Henry William [2003] *Open Innovation: The New Imperative for Creating and Profiting from Technology*, Harvard Business Press.（ヘンリー・チェスブロウ著，大前恵一朗訳［2004］『OPEN INNOVATION——ハーバード流イノベーション戦略のすべて』産能大出版部）。

Chesbrough, Henry William [2006] *Open Business Models: How to Thrive in the New Innovation Landscape*, Harvard Business Review Press.（ヘンリー・チェスブロウ著，栗原潔訳［2007］『オープンビジネスモデル　知財競争時代のイノベーション』翔泳社）。

Chesbrough, Henry William, Wim Vanhaverbeke, Joel West [2008] *Open Innovation: Researching a New Paradigm*, Oxford Univ Press.（ヘンリー・チェスブロウ編，長尾高弘訳［2008］『オープンイノベーション　組織を越えた

ネットワークが成長を加速する』英治出版)。

Coleman, James Samuel［1990］*Foundations of Social Theory*, Belknap Press of Harvard University Press.（ジェームズ・サミュエル・コールマン著，久慈利武訳［2004］『社会理論の基礎』上・下，青木書店)。

Gibson, David V., Rogers, Everett M.［1994］R & D Collaboration on Trial: The Microelectronics and Computer Technology Corporation, Harvard Business School Press.

Granovetter, Mark［1985］*Economic Action and Social Structure: The Problem of Embeddedness*, American Journal of Sociology, Vol. 91, No. 3, pp. 481-510.（マーク・グラノヴェター著，渡辺深訳［1998］「付論D・経済行為と社会構造——埋め込みの問題」『転職——ネットワークとキャリアの研究』ミネルヴァ書房)。

Kenny, M. and U. von Burg［2000］Institution and Economies: Creating Silicon Valley, in Kenny, M.［2000］*Understanding Silicon Valley*: The Anatomy of an Entrepreneurial Region, Stanford University Press.（マーティン・ケニー著，加藤敏春・小林一訳［2002］「シリコンバレーは死んだか」日本経済評論社)。

Kought, Bruce. M.［2000］*The Network as Knowledge: Generative Rules and the Emergence of Structure*, Strategic Management Journal, 21: 405-425.

Langlois, R.［2003］*The vanishing hand: The changing dynamics of industrial capitalism*, Oxford University Press.（チャード・N.ラングロワ著，谷口和弘訳［2011］『消えゆく手——株式会社と資本主義のダイナミクス』慶應義塾大学出版会)。

Launonen, M. and J. Vitanen［2011］*Hubconcepts The Global Best Pracrice for Managing Innovation Ecosystems and Hubs*, Hubconcepts Inc.

Piore, Michael J. and Charles F. Sabel［1984］*The second industrial divide: possibilities for prosperity*, New York: Basic Books.（マイケル・J・ピオリ，チャールズ・F・セーブル著，山之内靖，・永易浩一・石田あつみ訳［1993］『第二の産業分水嶺』筑摩書房)。

Porter, M. E.［1990］*The Competition Advantage of Nations*, Free Press（M.ポーター著，土岐坤・小野寺武夫・中辻万治・戸成富美子訳［1992］『国の競争優位』上下，ダイヤモンド社)。

Porter, M.E.［1998］*On Competition*, Harvard Business School Press（M. ポー

ター著，竹内弘高訳［1999］「競争戦略論」Ⅰ・Ⅱ，ダイヤモンド社）。

Philips, F.Y.［2009］*Toward a Sustainable Technopolis*, Report 2009 UNESCO-WTA International Training Workshop, pp.9–25.

Similor, R., N. O' Donnell, and G. S. R. S. Weblborn Ⅲ.［2007］*The Research University and the Development of High-Technology Center in the United States*, Economic Development Quarterly, Vol21, No.3, Augast, pp.203–222.

Smith, Adam［1776］*An Inquiry into the Nature and Causes of the Wealth of Nations.*（アダム・スミス著，大河内一男訳［1978］『国富論』中央公論新社）。

Yin, R.K.［1994］*Case Study Research 2/e*, Sage Publications, Inc. （ロバート・K. イン著，近藤公彦訳［1996］『ケース・スタディの方法』千倉書房）。

今井賢一・金子郁容［1988］『ネットワーク組織論』岩波書店。

今井賢一［2008］『創造的破壊とは何か 日本産業の再挑戦』東洋経済新報社。

岩渕明［2005］「INS の活動と地域ネットワーク」『産業立地』512 号，日本立地センター。

岡村宏・長谷川浩志・金沢純一・田中幸和［2007］「クラシックギターの動特性の予測技術について」『第 26 回日本シミュレーション学会大会発表論文集』日本シミュレーション学会。

金井一頼［2003］「クラスター理論の検討と再構成――経営学の視点から」石倉洋子・藤田昌久・前田昇・金井一頼・山崎朗［2003］『日本の産業クラスター戦略――地域における競争優位の確立』有斐閣。

金井一頼［2012］「企業家活動と地域エコシステム構築プロセスのミクローメゾ統合論」西澤昭夫・忽那憲治・樋原伸彦・佐分利応貴・若林直樹・金井一頼［2012］『ハイテク産業を創る地域エコシステム』有斐閣。

金井壽宏［1994］『企業者ネットワーキングの世界――MIT とボストン近辺の企業者コミュニティの探求――』白桃書房。

近藤孝［2007］「連載 2　産学官連携コーディネーターの事例に学ぶ研究者と共同作業で公募申請」『産学官連携ジャーナル』2007 年 5 月号，独立行政法人科学技術振興機構（JST）。

鈴木淳一［2017］『新材料：岩手県のコバルト合金開発におけるプロジェクト運営について』「Report of INS No.26 2017」Iwate Network System。

丹生晃隆［2015］「ビジネス・インキュベーションの課題と今後の展望」『産学官

連携ジャーナ』2015 年 2 月号，独立行政法人科学技術振興機構（JST）。

中小企業庁［2000］『中小企業白書（2000 年版）』大蔵省印刷局。

西澤昭夫，福嶋 路［2005］『大学発ベンチャー企業とクラスター戦略──日本は
オースティンを作れるか』学文社。

西口敏宏［2003］『中小企業ネットワーク──レント分析と国際比較』有斐閣。

西口敏宏［2007］『遠距離交際と近所つきあい』NTT 出版。

東一眞［2001］『「シリコンバレー」のつくり方─テクノリージョン型国家をめざ
して』中央公論新社。

福嶋路［2013］『ハイテク・クラスターの形成とローカル・イニシアティブ──
テキサス州オースティンの奇跡はなぜ起こったのか』東北大学出版会。

福原康司［2003］「組織間関係における信頼とパワーの連動過程──境界連結者
の機能を中心に──」『専修大学経営研究所報』第 150 号，専修大学経営研究
所。

宮本光晴［2014］『日本の企業統治と雇用制度のゆくえ──ハイブリッド組織の
可能性』ナカニシヤ出版。

宮本光晴［2017］「オープン・イノベーションを促進する要因は何か──川崎市
の事例より」『専修大学経済学論集』126 号。

安田雪［2010］『「つながり」を突き止めろ　入門！ネットワーク・サイエンス』
光文社新書。

安田雪［2011］『パーソナルネットワーク──人のつながりがもたらすもの』新
曜社。

吉田雅彦［2015］『産学官民コミュニティによる地域産業支援の考察』専修大学
経済学研究科修士論文。

若林直樹［2006］『日本企業のネットワークと信頼──企業間関係の新しい経済
社会学的分析』京都大学経済学叢書。

若林直樹［2009］『ネットワーク組織──社会ネットワーク論からの新たな組織
像』有斐閣。

索 引

吉田　雅彦（よしだ　まさひこ）

1961年　佐世保市生まれ。本籍岩手県。

1984年　東京大学経済学部卒業。

2018年　専修大学経済学研究科博士課程修了，博士（経済学）号取得。

主な職歴：1984年通商産業省（現経済産業省）入省。1992年岩手県工業課長出向。2000年，関東通産局部長。2002年経産省地域政策企画官。2007年日立建機（株）出向。2009年経産省製造産業局参事官。2011年，（独）中小機構理事。2013年，観光庁観光地域振興部長。2015年，経産省退職・宮崎大学採用。2016〜18年宮崎大学地域資源創成学部長（初代）。現在，宮崎大学地域資源創成学部教授。

主な著書・論文：

「日本における中堅・中小企業のオープンイノベーションとその支援組織の考察：人的ネットワークの観点から」専修大学学術機関リポジトリ（2018）

「中小企業の産学官連携によるイノベーションとその支援についての考察：神奈川県と宮崎県の事例から吉田雅彦」専修経済学論集127号（2017）

「企業によるイノベーションと企業支援の課題」『新産業政策研究かわさき2016．（14）』

『現場発！産学官民連携の地域力』（共著）学芸出版社（2011）

『市町村のための産業振興のポイント』（共著）ぎょうせい（2003）

『中小企業白書（2000年版）』（担当室長）大蔵省印刷局（2000），他。

日本における中堅・中小企業のオープンイノベーションとその支援組織の考察
—人的ネットワークの観点から—

2019年2月28日　第1版第1刷

著　者　吉田雅彦

発行者　笹岡五郎

発行所　専修大学出版局
　　　　〒101-0051　東京都千代田区神田神保町3-10-3
　　　　　　　　　　　　（株）専大センチュリー内
　　　　電話03-3263-4230（代）

印刷
製本　　亜細亜印刷株式会社

ISBN978-4-88125-334-2